DIE APACHEN

und die Puebloindianer des Südwestens

ALYS SWAN-JACKSON

KARL MÜLLER VERLAG

Danksagung

Der Herausgeber dankt insbesondere Richard Green von Tribal Art und Richard Cupidi von Public House Bookshop, Brighton, für ihre Unterstützung, Bill Donohoe von Sharpline Studios und Jonathan Adams, die die Klarsichtfolien illustrierten, James Field, der die Illustration des Titels besorgte und den Instituten und Organisationen, die uns den Abdruck der folgenden Bilder genehmigten:

AA&AC: 6 oben links, 12 oben rechts. American Philosophical Society: 35 oben links. Arizona State Museum: 12 oben links, 23 oben rechts, /Helga Teiwes 7 unten rechts. Bridgeman Art Library: 30 oben links. British Museum/M Holford/Reed: 38 oben links. C. M. Dixon: 4 oben links, 4 unten Mitte, 28 oben links, 36 oben links. Denver Art Museum/Reed: 11 unten. Denver Public Library/Reed: 13 unten links. Museum of American Indian/Reed: 31 oben rechts. Museum of Mankind: 26 oben rechts, 27 unten links, 32 unten links. Museum of Northern Arizona: 32 oben links, /Marc Gaede 19 unten rechts. North Wind Pictures: 14 oben links, 22 unten links, 36 oben rechts, 36 Mitte rechts, 39 oben rechts, 43 unten rechts. Peter Newark's American Pictures: 4 unten links, 19 unten rechts. ProFiles West/Jon A. Sawyer: 6 oben rechts, 45 oben rechts, /Wiley/Wales 17, /JackHoehn, Jr 44 oben rechts, /P. Barry Levy 45 oben links. Richard Green: 18 unten links, 27 unten rechts, 31 oben links. Robert Harding Picture Library/Walter Rawlings: 26 oben links, /Adam Woolfit, 38 oben rechts. Smithsonian Institution National Anthropological Archives: 15 oben links. Smithsonian Institution/John Freeman/Reed: 37 unten rechts. University of Regina: 30 oben rechts. Werner Forman/Arizona State Museum: 20 oben links, /Maxwell Museum of Anthropology, Albuquerque 5 unten links, /Museum of Northern Arizona 32 oben rechts, /Peabody Museum, Harvard University 4 unten links, /Schindler Collection, New York 18 oben links, 30 Mitte rechts.

ILLUSTRATOREN:
Jonathon Adams: 8–9. **Richard Berridge:** 30–31.
Bill Donohoe: 16–17, 24–25, 40–41. **James Field:** Titelbild.
Terry Gabbey (Eva Morris): 18–19 großes Bild, 22, 23, 28, 29, 38–39 großes Bild.
Andre Hrydziuszko: 46–47. **Kevin Madison:** 5.
Mark Stacey: 10–11, 14, 15, 20–21 großes Bild, 21 oben rechts, 34, 35, 42, 43.
Simon Williams: 6, 7, 12, 19, 26, 27, 32–33 großes Bild, 36.
Gerald Wood: 13, 20 oben rechts, 24, 28, 29 oben rechts, 37 oben links, 44, 45

In Gedenken an meinen Mann Robert Joseph Jackson 1945–1990.

In der gleichen Ausstattung sind bisher erschienen:

BLICK IN DIE GESCHICHTE

Das alte Ägypten
Das alte Griechenland
Die Azteken
Die Renaissance
Das alte Rom
Die Inkas
Das Mittelalter
Die Entwicklung der Industrie
Die Wikinger
Festungen und Burgen
Gräber und Schätze
Die Kelten
U-Boote und Schiffe
Wie Menschen wohnen

BLICK IN DIE NATUR – Säugetiere
BLICK IN DIE ZUKUNFT – Entdecke den Weltraum
BLICK IN UNSERE WELT – Planet Erde

First published in Great Britain 1996
by Heinemann Children's Reference, Halley Court, Jordan Hill, Oxford, OX 2 8EJ,
a devision of Reed Educational & Professional Publishing Ltd.

Titel der Originalausgabe: The Apaches and Pueblo peoples of the Southwest
Übersetzung aus dem Englischen: Karin-Jutta Hofmann
Lektorat: Susanne Kattenbeck

ISBN 3-86070-547-4

4 3 2 1 96 97 98 99

INHALT

Indianervölker im Südwesten 4
Frühe Zivilisationen 6
Die ersten Pueblos 8
Siedler und Räuber 10
Die Ankunft der Spanier 12
Die Verwaltung der Stämme 14
Ein Pueblo 16
Die Familie 18
Nahrung und Ackerbau 20
Das Leben der Apachen 22
Die Hogans der Navajo 24
Kleidung und Schmuck 26
Korbflechterei und Keramik 28
Das Kunsthandwerk 30
Tanz und Musik 32
Tod und Begräbnis 34
Sagen und Legenden 36
Bräuche und Glauben 38
Das Kiva 40
Der Kampf gegen die Siedler 42
Der Südwesten heute 44
Zeittafel und Erläuterungen 46
Register 48

INDIANERVÖLKER IM SÜDWESTEN

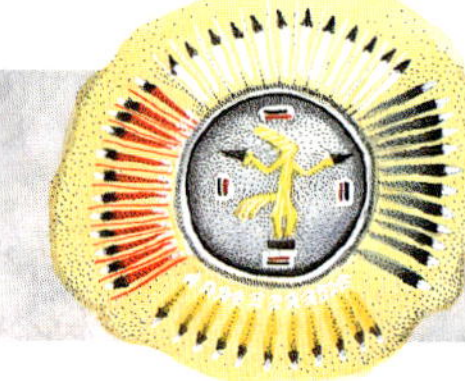

Die Indianervölker im Südwesten stellen seit prähistorischen Zeiten Körbe her. Die schönsten Exemplare fand man dort, wo früher die Anasazi lebten, ein Volk, das auch unter dem Namen die „Korbflechter" bekannt wurde. Die Apachen übernahmen viel von deren Kunstfertigkeit, wie man an diesem schönen Exemplar sieht.

Einige frühe Pueblogemeinschaften bauten ihre Häuser im Schutz von Felswänden. Dies hier ist Montezuma Castle in Arizona. Es besitzt fünf Stockwerke und 20 Zimmer, so daß 15 bis 20 Familien darin unterkamen.

Im Südwesten von Nordamerika befindet sich seit der Ankunft der ersten Völker vor über 15 000 Jahren das Zentrum von einigen der bedeutendsten Indianerkulturen. Sogar heute leben dort noch viele Indianervölker, wie zum Beispiel die Pueblos, auch wenn sie den dort ansässigen Weißen inzwischen zahlenmäßig weit unterlegen sind. In Familien oder im Stammesverband führen sie ein Leben nach traditionellem Vorbild.

DAS LAND

Obwohl das Gebiet von mehreren Flüssen bewässert wird, zum Beispiel vom Rio Grande, Colorado, Gila und Yaqui, ist das Land im Südwesten eher als trocken zu bezeichnen. Im Norden befindet sich ein Hochplateau mit steilwandigen Cañons und Hochebenen (Mesas), sowie einige sandige Regionen. Der Süden ist flaches Wüstengebiet. Das Wasser wird häufig knapp und Dürrekatastrophen sind keine Seltenheit.

DIE VÖLKER

Die bekanntesten Ureinwohner dieser Gegend waren die Anasazi, die Mogollon und die Hohokam, die allesamt seßhaft waren und vom Ackerbau lebten. Um etwa 1300 n. Chr. folgten ihnen die Pueblostämme, wie wir sie heute kennen, sowie die

„Wir leben in diesem Land seit vorgeschichtlichen Zeiten, länger als man zurückdenken kann und weit in die Zeit der Legenden hineinreichend. Die Geschichte meines Volkes und die Geschichte dieses Ortes sind eins. Niemand kann an uns denken, ohne dabei an diesen Ort zu denken. Wir sind auf ewig miteinander verbunden."

Puebloindianer

Papago, Pima und Yuma, die zwar in Dorfgemeinschaften lebten, aber im Wechsel der Jahreszeiten umherzogen. Auf der Suche nach Nahrung kamen auch Völker in dieses Gebiet, die als Jäger und Sammler lebten.

Die Apachen und Navajo waren Nomaden, die häufig Nahrung und Waren von den Pueblos raubten.

Die Gefäße der Mogollon waren zunächst einfarbig braun, später dann Rot auf Braun. Auf den Fotos unten links und rechts sind schwarz-weiß bemalte Grabbeigaben aus dem 10. Jahrhundert, sogenannte Mimbres, zu sehen. Sobald der Besitzer starb, wurden sie zerbrochen, um die Seele des Toten freizugeben. Danach legte man die Scherben mit ins Grab. Das Gefäß in der Mitte stammt von den Zuni und ist noch nicht so alt.

FREMDE

Das Leben im Südwesten veränderte sich durch den Kontakt mit den Europäern, die vom 16. Jahrhundert an in wachsender Zahl ins Land kamen. In den zweihundert Jahren nach den Reisen des Kolumbus unterwarfen die Spanier viele Indianervölker in Süd- und Mittelamerika. Im Verlauf des 19. Jahrhunderts, begegneten die Indianer schließlich einem neuen Volk.

WEISSE AMERIKANER

Die Neuankömmlinge waren weiße Amerikaner, die 300 Jahre zuvor begonnen hatten, die Ostküste zu besiedeln und nun immer weiter nach Westen vordrangen. Viele Indianerstämme mußten plötzlich um ihr Land kämpfen, und ihr gesamter Lebensstil war von den weißen Siedlern bedroht. Zum Glück gelang es wenigstens einigen Indianervölkern trotz unendlicher Mühsahl und Schrecken bis in unsere Zeit zu überleben.

Auf dieser Karte sind die Stämme eingetragen, die in diesem Buch erwähnt werden. Ihre Ländereien umfassen die heutigen Staaten New Mexico, Arizona, das südliche Utah, das südwestliche Colorado und einen Teil von West-Texas.

Die Anasazi lebten im Gebiet der „Vier Ecken“, wo Arizona, New Mexico und Colorado aneinander grenzen. Ihre Nachfahren sind wahrscheinlich die Hopi. Die Zuni stammen dagegen offensichtlich von den Mogollon ab.

FRÜHE ZIVILISATIONEN

Archäologische Funde wie diese Ahlen aus Knochen helfen uns, die alten Zivilisationen des Südwestens richtig zu datieren.

Die ersten Völker, die in Amerika siedelten, kamen wahrscheinlich aus Asien. Sie wanderten vor etwa 50 000 Jahren in Gruppen über die Landbrücke, die damals noch Asien mit Alaska verband. Im Lauf der Jahrtausende verbreiteten sie sich über Nord- und Mittelamerika bis nach Südamerika.

DIE WÜSTENVÖLKER

Die ersten menschlichen Bewohner des Südwestens waren die Paleoindianer der letzten Eiszeit, etwa vor 10 000 bis 15 000 Jahren. Aufgrund der zahlreichen gefundenen Speerspitzen wissen wir, daß sie geschickte Jäger waren. Sie lebten von Bisonarten, die heute bereits ausgestorben sind, und von Wild, das in der Gegend heimisch war.

Vor etwa 9000 Jahren wurde das Klima immer wärmer und trockener und die Menschen mußten sich an wüstenähnliche Lebensbedingungen anpassen. Da es nun nicht mehr so viele große Tiere gab, die sie jagen konnten, verlegten sie sich mehr auf das Sammeln von pflanzlicher Nahrung wie Nüsse und Beeren und stellten Fallen für kleinere Tiere auf. Diese Wüstenvölker fanden Schutz in Höhlen oder unter Felsüberhängen. Sie machten Decken aus Hasenfellen und anderen Tierhäuten. Ihr Werkzeug und die meisten Gebrauchsgegenstände waren aus Stein, Holz oder Tierknochen.

Die Paleoindianer waren Nomaden der Eiszeit. Sie jagten Mastodonten und andere große Tiere wie diesen Büffel.

Petroglyphen sind eine Art Bilderschrift auf Felsen und Steinen. Bei einem derart verzierten Fels handelt es sich meist um einen heiligen Ort, der die Geschichte der alten Indianervölker erzählt.

ACKERBAU

Als nächstes folgten die frühen Ackerbaukulturen: die Hohokam im mittleren Arizona, die Mogollon in den Bergen und Wüsten von New Mexico und die Anasazi. Die Hohokam lebten in kleinen Dörfern. (Der Name Hohokam bedeutet „die Verschwundenen".) Sie bauten Bewässerungskanäle für ihre Felder, auf denen sie Getreide anpflanzten. Zudem besaßen sie außergewöhnliche Fähigkeiten im Herstellen von Stoffen, Keramiken und Muschelschmuck.

DIE ERSTEN HÄUSER

Die ersten Hohokam lebten in einfachen Behausungen, die aus einer runden Grube mit einem Dach aus Büschen und Erde bestanden. Als die Bevölkerung immer größer wurde, setzten sich jedoch dickwandige „Adobe"-Häuser mit mehreren Stockwerken durch.

Hohokam-Arbeiter graben einen Kanal, um darin Wasser aus den Bergen auf ihre Felder zu leiten.

DIE MOGOLLON
Bei diesem verhältnismäßig kleinen Volk handelte es sich um Jäger und Sammler, die nebenbei etwas Ackerbau betrieben. Die Mogollon wohnten in Erdgrubenhäusern, die einen langen, schlauchartigen Eingang hatten.
Die Mogollonkultur wurde hauptsächlich wegen ihrer Steinbearbeitung und ihrer Keramikkunst bekannt.

DIE ANASAZI
Die Anasazi (in der Navajo-Sprache „die Uralten“) waren eine der am höchsten entwickelten Kulturen in Nordamerika. Sie lebten, ähnlich wie die Hohokam, zuerst in Grubenhäusern, bauten Mais an und gingen auf die Jagd.

Vor etwa 1000 Jahren begannen sie mit dem Bau von Steinhäusern, und zwar sowohl auf freiem Land als auch an den Steilwänden der Cañons. Einige, wie die von Mesa Verde in Arizona, waren wie große Häuser beschaffen (siehe Seite 8–9). Andere, wie die im Chaco Cañon, waren große Siedlungen, heutigen Wohnblöcken nicht unähnlich. Die Menschen erreichten ihre Häuser über Leitern, die manchmal von den Dächern niedriger gelegener Häuser zu den Türen von höher gelegenen führten.

DIE FELSBEWOHNER
Die Anasazi lebten etwa 200 bis 300 Jahre in ihren steinernen Städten. Dann kam es zu einem mysteriösen Ereignis, das sie zwang, ihre Wohnorte aufzugeben. Vielleicht handelte es sich um die etwa von 1279 bis 1299 andauernde Dürre, oder sie wurden von anderen Stämmen angegriffen und vertrieben. Wahrscheinlich schlossen sich die Anasazi anderen Indianervölkern an.

In manchen Gegenden, in denen Hohokams lebten, sind seltsame ovale Plätze von über 60 m Länge zu sehen. Wahrscheinlich fanden dort rituelle Ballspiele statt, ähnlich wie in Mexiko. Die Spieler versuchten dabei, den Ball durch Reifen zu werfen, die hoch oben an den Wänden angebracht waren.

DIE ERSTEN PUEBLOS

Pueblo Bonito, das „schöne Dorf" im Chaco Cañon, war eines der Zentren der Anasazikultur. Die Anasazi gründeten dort eine Gemeinschaft, die von Ackerbau und Handel lebte und schließlich zu einem der größten „Apartment-Häuser" dieser Gegend heranwuchs.

PUEBLO BONITO

Archäologische Grabungen zeigten, daß es sich beim Pueblo Bonito um ein großes Haus mit über 800 Räumen handelte. Es war fünf Stockwerke hoch und terrassenförmig gebaut, um die Sonnenwärme besser zu nutzen. In einem Umkreis von 15 km befanden sich ein Dutzend ähnlicher Gebäude sowie kleinere Dörfer wie Aztec Pueblo.

Das Volk der Chaco muß damals aus etwa 6000 Menschen bestanden haben. Miteinander verbunden wurden die Gemeinschaften durch ein einfaches Straßennetz.

DER LEBENSSTIL

Die Chaco waren gute Farmer. Sie pflanzten Mais, Kürbis, Bohnen und Baumwolle an. Ihre Felder wurden durch ein System von Dämmen und Kanälen bewässert. Feldarbeit war, ebenso wie Jagen, größtenteils Sache der Männer.

Handel wurde sowohl mit in der Nähe gelegenen Siedlungen betrieben als auch mit sogenannten „Pochteca", wahrscheinlich Azteken, die den Chaco einen Besuch abstatteten. Diese Männer brachten bunte Papageien mit und außerdem kostbare Halsketten und Armreife mit Einlegearbeiten. Bezahlt wurde fast immer mit Türkisen.

Die Blütezeit der Anasazi lag zwischen dem 9. und dem 13. Jahrhundert. Viele ihrer erstaunlichen Häuser errichteten sie an Felswänden. Typisch für diese Siedlungsweise war der Felsenpalast, wie er hier abgebildet ist, sowie das „schöne Dorf" Pueblo Bonito, das man sehen kann, wenn man die Folie umblättert.

DER ALLTAG

Die Häuser gehörten den Frauen, die auch mithalfen, sie zu bauen und zu erhalten. Allerdings gab es im Pueblo Bonito 32 Zeremonienräume, genannt „Kivas“ (siehe Seite 40–41), die von den Männern gebaut wurden und ihnen auch gehörten. Hier wurden die traditionellen Familientreffen abgehalten.

FELSWOHNUNGEN

Andere Pueblos wurden an oder neben Felswänden errichtet, so daß diese einen natürlichen Schutz vor dem Wind boten.

DER FELSENPALAST

Der Felsenpalast wurde um 1100 erbaut. Er besteht aus etwa 220 Räumen und 23 Kivas. Die Menschen betrieben auf der darüberliegenden Klippe Ackerbau. Der Felsenpalast wurde um 1275 aufgegeben. Wenn man die Folie umblättert, kann man ins Innere des Felsenpalastes sehen und sich ein Bild davon machen, wie die Ruinen an einem Wintertag in unserer heutigen Zeit aussehen.

1 Rundturm
2 Schlafraum, bei schlechtem Wetter auch als Arbeitsraum genutzt
3 Vorratsraum
4 Kiva
5 Abfallraum
6 „Hauptstraße“
7 Begrabener Vorfahr
8 Löcher zum Erklettern des Felsens

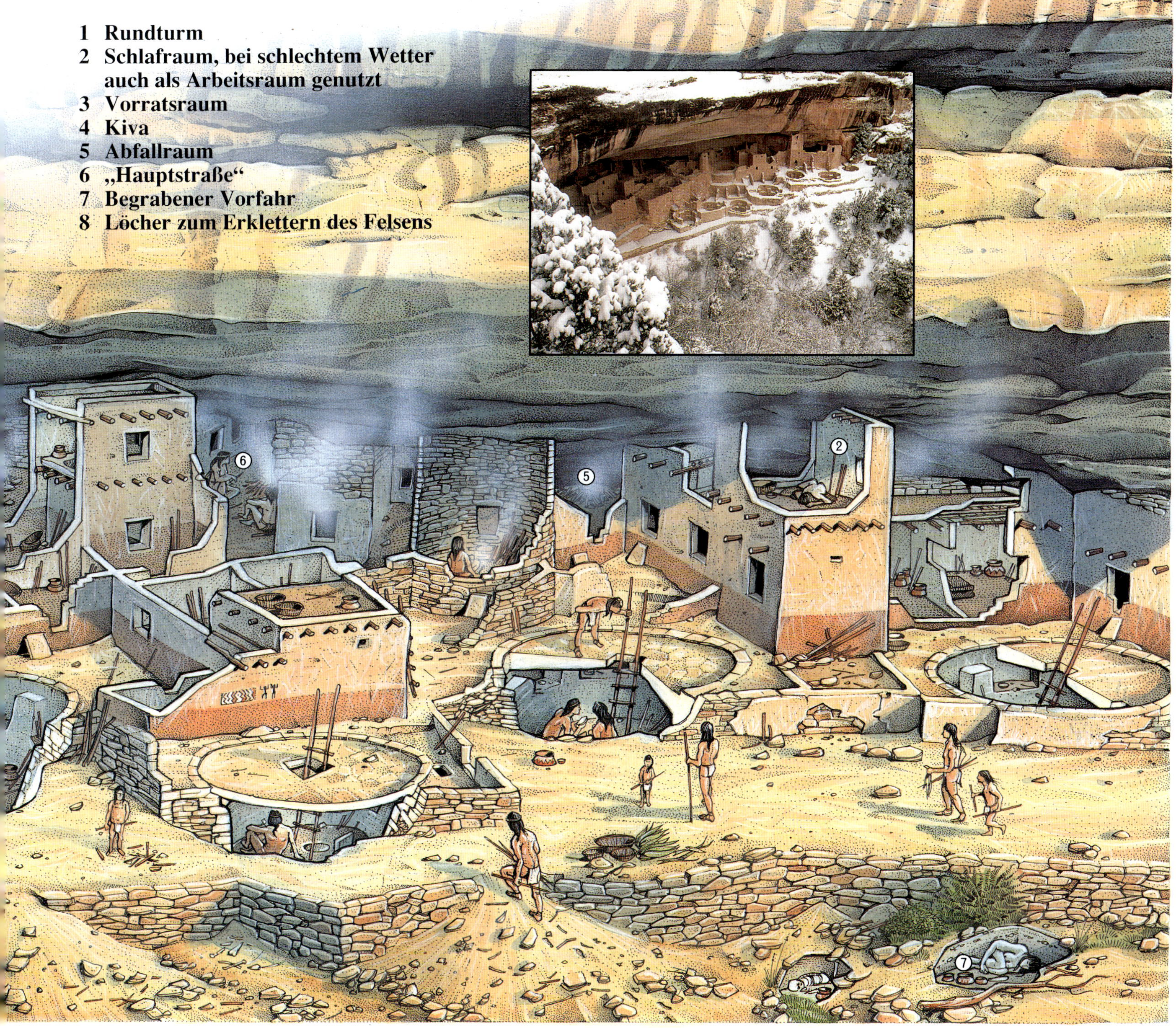

SIEDLER UND RÄUBER

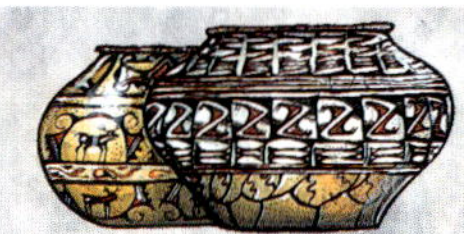

Auch wenn die alten Steinstädte verlassen worden waren, hatten die Anasazi überlebt. Sie siedelten sich in neuen Gebieten an und vermischten sich wahrscheinlich mit anderen Indianervölkern.
Viele von ihnen lebten weiterhin in Steindörfern oder Adobe-Häusern. Sie errichteten ihre Städte auf den hochgelegenen Tafelbergen oder im flachen Land nahe am Wasser und an ihren Feldern.

PUEBLOS
Als der spanische Entdecker Francisco Coronado durch das Gebiet des Rio Grande reiste, entdeckte er kleine, unabhängige Dörfer und Städte. Hier lebten die Menschen friedlich zusammen, bestellten ihr Land und nahmen an einer Vielzahl religiöser Feste teil. Die Spanier nannten diese Menschen „Pueblos" („Dörfer").

ETABLIERTE GEMEINSCHAFTEN
In der Zeit um 1540, als die Spanier diese Dörfer besuchten, herrschte dort bereits ein ausgeprägtes soziales und zeremoniales System, das sich überall im Land ziemlich ähnelte, auch wenn es bei den Puebloindianern mindestens sechs unterschiedliche Sprachen gab. Es war allgemein üblich, daß die Menschen des einen Pueblos Verträge und Handelsabkommen mit denen eines anderen Pueblos abschlossen. Ebenso durften auch Männer und Frauen aus verschiedenen Pueblos untereinander heiraten.

DIE DINEH
Im 14. Jahrhundert tauchte ein neues Indianervolk in dem Gebiet auf. Sie nannten sich selbst „Dineh" („Menschen") und waren Jäger, die auf der Suche nach Nahrung und Vieh regelmäßig die Pueblos überfielen. Aber der Kontakt mit den Puebloindianern veränderte allmählich ihren Lebensstil. Von ihren Opfern lernten sie den Ackerbau, das Weben und übernahmen einige religiöse Zeremonien.

Die Dineh waren bald keine richtigen Nomaden mehr. Sie züchteten Schafe, Ziegen und später auch Pferde. Zwar lebten sie nicht in Städten oder Dörfern, aber sie errichteten im ganzen Gebiet Siedlungen mit kleinen Blockhütten. Weil sie auch Mais anpflanzten, gaben ihnen die Spanier den Namen Navajo, „die Indianer der bestellten Felder".

Handel in einem Pueblo. Die Puebloindianer tauschten geflochtene Körbe, Töpfe und Decken mit benachbarten Gemeinschaften und manchmal auch mit Händlern aus entlegeneren Gebieten.

Apachen greifen ein Pueblo an. Vielleicht befinden sie sich auf dem Kriegspfad, um den Tod eines Verwandten zu rächen, vielleicht wollen sie aber auch Nahrung, Frauen und Tiere rauben.

ÜBERFÄLLE DER NAVAJO
Zur Zeit als der Südwesten von Spaniern besetzt war, überfielen die Navajo immer wieder die Farmen der Weißen und stahlen deren Pferde. Dies hatte erst ein Ende, als das Gebiet im Jahr 1848 den Vereinigten Staaten von Amerika nach dem mexikanisch-amerikanischen Krieg zugesprochen wurde. Die Navajo wurden von der Armee brutal niedergezwungen und schließlich in Reservate gedrängt.

MUTIGE KRIEGER
Die Apachen, deren Namen von dem Zuni-Wort für „Feind" stammt, kamen etwa zur selben Zeit wie die Navajo ins Land. Wie diese, überfielen auch sie andere Indianervölker sowie die Mexikaner und die Spanier. Allerdings wurden die Apachen nicht so bereitwillig zu Farmern. Das Leben der Stämmen wie zum Beispiel der Jicarilla, Mescalero, Lipan- und Kiowa-Apachen ähnelte mehr dem der Prärie-Indianer.

Die Apachen waren Sammler und Jäger und lebten in Lagern mit Behausungen aus Buschwerk, genannt „Wickiups". Nach der Ankunft der Spanier kamen sie in den Besitz von immer mehr Pferden und konnten so leicht große Entfernungen überwinden. Schnell wurde das Räubertum zu ihrem neuen Lebensstil. Die Apachen waren sehr mutig und todesverachtend.

Dieses Foto zeigt Taos Pueblo, eines der am längsten bewohnten Pueblos. Das Wort Pueblo ist spanisch und bedeutet „Dorf". Bevor die Spanier kamen gab es etwa 90 Pueblos. Heute sind nur noch 30 davon bewohnt.

DIE ANKUNFT DER SPANIER

Dieses Holzkreuz mit einer Mosaikeinlage stammt wahrscheinlich von einem spanischen Soldaten oder Priester.

Die Kultur des Südwestens stand lange Zeit unter spanischem Einfluß, der sich bis 1540 zurückverfolgen läßt. In diesem Jahr nämlich wandte sich der spanische Entdecker Don Francisco Vasquez de Coronado auf der Suche nach Cibola, dem sagenhaften Land mit den sieben Städten aus Gold und Silber, von Mexiko City aus nach Norden.

KOLONIALISIERUNG

Coronado und seine Männer suchten vergebens nach den Städten aus Gold, dafür überfielen sie auf ihren Streifzügen immer wieder Pueblos. Schließlich kehrten sie nach Mexiko zurück. Aber damit war das Interesse an Land und Leuten nicht erloschen. Schon bald erhob Spanien Anspruch auf das Gebiet, und im Jahr 1598 konnte mit der Kolonialisierung begonnen werden.

Die Petroglyphen des Newspaper Rock in Utah zeigen unter anderem auch berittene Jäger. Die Navajo und die Apachen schätzten Pferde sehr und nahmen sie bei Überfällen als Beute.

CHRISTIANISIERUNG

Die Spanier bewunderten die großen Häuser, die kunstvollen Töpfereien und die gepflegten Baumwollfelder der Puebloindianer, aber es gab auch einige Dinge, die sie verabscheuten. Ganz besonders verwerflich erschienen ihnen die Tänze der maskierten Katchinas (siehe Seite 38) und andere religiöse Praktiken. Deshalb begannen sie, die Indianer zum Christentum zu bekehren.

NEUE FERTIGKEITEN

Die friedliebenden Puebloindianer begegneten den Spaniern freundschaftlich. Widerstandslos übernahmen sie deren neues Regierungssystem und auch die christliche Religion, fuhren jedoch fort, heimlich die alten Rituale weiterhin zu praktizieren.

Die Indianer lernten von den Spaniern viele neue Fertigkeiten, wie zum Beispiel das Herstellen eiserner Werkzeuge und das Züchten von Vieh.

Popes Revolte. Heimlich planten die Puebloindianer einen Aufstand gegen die spanischen Unterdrücker. Als der Tag der Revolte näher rückte, wurde eine Schnur mit sovielen Knoten wie noch Tage bis zur Revolte übrig waren von einem Stamm zum nächsten weitergereicht. Jeden Tag wurde ein Knoten gelöst. Als der letzte Knoten geöffnet war, begann der Aufstand.

SPANISCHE HERRSCHAFT

Die Puebloindianer mußten dem König von Spanien und der katholischen Kirche Gehorsam schwören. Dafür erhielten sie spanische Namen und von den katholischen Missionaren religiöse Unterweisung. Sie mußten Steuern in Form von Nahrung und Stoffen entrichten und auf den spanischen Farmen und Haciendas arbeiten. Außerdem mußten sie sich einem neuen Gesetz unterwerfen, das jedes Dorf zwang, die traditionellen, priesterähnlichen Oberhäupter durch Beamte im spanischen Stil, nämlich durch Gouverneur und Vize-Gouverneur, zu ersetzen.

Die Spanier versuchten außerdem, die Apachen und Navajo zu bekehren, wobei es ihnen gelang, einige von ihnen zu Sklaven in den spanischen Minen zu machen. Dies führte jedoch zu einem verschärften Widerstand der Navajo und Apachen gegen die spanischen Eindringlinge. Auch die Puebloindianer mußten noch stärker als früher unter ihren Überfällen leiden, da sie nun als Verbündete der Spanier galten.

Schmiedekunst nach spanischem Vorbild im Zuni Pueblo. Der Schmied benutzte einen handbetriebenen Blasebalg und einen schmiedeeisernen Amboß. Die Schmiede selbst bestand aus Lehmziegeln und plattig behauenen Steinen. Über dem Feuer befand sich ein Rauchabzug.

Der erste Spanier, der ein Pueblo sah, erzählte, daß es groß wie eine Stadt und voller Reichtümer sei. Dies lockte Francisco Coronado an, der gierig nach Schätzen suchte. Die Spanier überwältigten die Puebloindianer und plünderten ihren Besitz. Diese Szene zeigt Coronado im Kampf.

DIE GROSSE REBELLION VON 1680

Mit zunehmender Unterdrückung durch die Spanier wurde die Situation für die Ureinwohner immer unerträglicher. Eine langanhaltende Dürre trug das ihre zu einer Verschlimmerung der Lage bei. Für die Indianer war dies ein Symbol dafür, daß das empfindliche Gleichgewicht zwischen den Menschen und der Natur gestört war.

Darüber erboste sich Pope, ein Tewa-Häuptling, so sehr, daß er einen Plan schmiedete, wie er die Spanier aus dem Land vertreiben könnte. Nach vierjähriger Planungszeit konnte die Revolte endlich stattfinden und – sie war ein voller Erfolg! Die Spanier waren so überrascht, daß sie trotz ihrer Überlegenheit an Feuerwaffen bis nach El Paso in Texas zurückgedrängt werden konnten. Pope wurde ein echter Diktator und versuchte, alle Spuren spanischer Einflüsse zu beseitigen.

DIE RÜCKKEHR DER SPANIER

Die Spanier gaben sich jedoch nicht so leicht geschlagen. 1693 kehrten sie zurück und eroberten sehr schnell „New Mexico“, wie es bald genannt wurde. Wiederum schienen sich die Indianer unter das spanische Joch zu beugen, aber wie früher übten sie ihre Religion heimlich weiterhin aus. Zu dieser Zeit war Pope bereits gestorben und die Indianer waren bestrebt, noch mehr Blutvergießen zu vermeiden.

DIE VERWALTUNG DER STÄMME

Medizinmänner waren wichtige Mitglieder eines Apachenstammes. Dieses Bild zeigt Gorgonio, einen Medizinmann der Mescalero. Er trägt ein Bärenfell, um seine spirituelle Macht zu verstärken. Das Bild entstand nach einer Fotografie von A. Frank Randall, der in den 80er Jahren des 19. Jahrhunderts den Südwesten bereiste.

Lange vor Ankunft des Weißen Mannes hatten die Indianer im Südwesten ihr eigenes Verwaltungssystem entwickelt. Jedes Pueblo bildete eine unabhängige Gemeinschaft mit eigenen religiösen Ritualen und sozialen Regeln.

FAMILIEN UND CLANS

Für die Indianer im Südwesten bestand die Familie nicht aus zwei Elternteilen und deren Kindern. Eine Familie umfaßte auch die gesamte Verwandtschaft, sowohl die der väterlichen als auch die der mütterlichen Seite, und wurde auch Clan oder Sippe genannt.

Die Zugehörigkeit zu einem Clan war sehr wichtig. Die Navajo zum Beispiel waren in mehr als 50 Clans unterteilt. Die Namen dieser Clans kamen von einem besonderen Stamm oder einer Gruppe, so wie bei den Zuni, oder vom Geist eines Tieres, wie es bei den Hopi üblich war.

DIE RATSVERSAMMLUNG

Jedes Pueblo wurde von einem Rat geleitet, der zwischen 10 und 30 Mitglieder umfaßte. Zu diesen zählte man auch die Kivapriester, den Kriegshäuptling, der die Einhaltung der Gesetze überwachte, sowie einen Zeremonienmeister (Cacique), der als spiritueller Anführer des Pueblo galt. Hierbei handelte es sich um ein Amt, das auf Lebenszeit verliehen wurde.

Nachdem die Spanier die Herrschaft an sich gerissen hatten, ordnete deren König an, daß auch ein Gouverneur und ein Vize-Gouverneur dem Rat angehören sollten. Ein Befehl, dem die friedliebenden Indianer widerstandslos Folge leisteten, wobei dieses System bis heute in den Pueblos existiert.

SPIRITUELLER BEISTAND

Die Puebloindianer glaubten, daß ihre Anführer von göttlichen Geistwesen geführt würden. Die Ratsversammlung entschied über alle Aktivitäten der Dorfgemeinschaft, wie zum Beispiel über die Jagd, medizinische Angelegenheiten und die Verteidigung des Pueblos. Stammeszeremonien wurden dagegen immer vom Cacique geleitet. Die Ratsversammlung agierte auch als Gerichts-

Jeder Hopi-Clan besaß seine eigenen Geschichten und Zeremonien, die für den Zusammenhalt des Stammes wichtig waren. Zu den bedeutendsten Clans der Hopi zählten die Bären-, Papagei-, und Adlerfamilie. Diese Männer hier bereiten eine Büffeltanz-Zeremonie vor. Der eine fertigt ein Sonnensymbol aus Adlerfedern an, das von einer unverheirateten Hopifrau getragen werden wird, der andere stellt einen Kopfschmuck für einen Tänzer her.

Diese Fotografie aus den 80er Jahren des 19. Jahrhunderts zeigt Naiche, den Häuptling der Apachen im San Carlos Reservat. Um seine Taille hat er eine Reitpeitsche geschlungen.

hof und urteilte über Menschen, die Verbrechen wie beispielsweise der Hexerei angeklagt waren.

Innerhalb der Ratsversammlung mußten alle Entscheidungen einstimmig getroffen werden. Die Pueblogemeinschaft basierte auf dem Prinzip der Zusammenarbeit – man mißbilligte es, wenn sich jemand nicht für das Wohl aller einsetzte.

Wenn keine Einigung zustande kam, wurde eine Entscheidung entweder durch den Cacique oder durch eine beeindruckende Demonstration göttlichen Willens von den Katchinas herbeigeführt.

DIE PIMA UND DIE PAPAGO

Das Volk der Pima war straff organisiert, mit einem einzigen Oberhaupt, das von den Anführern der Dörfer gewählt wurde. Die Papago wurden ebenfalls von Anführern geleitet, besaßen aber zusätzlich noch einen Rat, der sich aus allen erwachsenen Männern zusammensetzte. Die älteren waren dabei die Wortführer, während man von den jüngeren erwartete, daß sie in respektvollem Schweigen erstarrten. Auch bei diesen Völkern wurden Entscheidungen gemeinschaftlich getroffen und das Streben nach persönlicher Macht galt als verwerflich.

DIE APACHEN

Die Apachen hatten kein System der Stammesverwaltung. Sie waren in Gruppen unterteilt, die aus mehreren Familien bestanden und zusammen arbeiteten, kämpften und umherzogen. Jede dieser Gruppen besaß einen Häuptling, der alle Entscheidungen traf, wie zum Beispiel, ob zu einem neuen Lagerplatz gezogen wurde, oder wann Zeremonien und Jagden und stattfinden sollten.

Man erwartete von einem Häuptling, daß er mutig, stark und klug war. Dennoch war seine Macht beschränkt, denn wenn eine Familie mit „ihrem“ Häuptling nicht zufrieden war, konnte sie die Gruppe verlassen und sich einer anderen anschließen.

DIE NAVAJO

Bei den Navajo hatte jede Gruppe einen Natani (Anführer auf Lebenszeit) sowie mindestens einen Kriegshäuptling.

In den zwanziger Jahren des 20. Jahrhunderts riefen die Navajo einen Großen Rat ins Leben. Dies geschah in erster Linie, um besser mit der US-Regierung verhandeln zu können. Aus diesem Rat entwickelte sich die Stammesverwaltung unserer Zeit.

Ein Apachenhäuptling wurde von Unterhäuptlingen unterstützt, die einflußreiche und respektierte Oberhäupter von Familien waren und sich bereits als Krieger, Jäger oder Redner einen Namen gemacht hatten. Ihre Frauen galten als „Women Chiefs“ (weibliche Häuptlinge), denen die Organisation weiblicher Aktivitäten oblag. Die besten Krieger einer Gruppe machte man zu Kriegshäuptlingen und übergab ihnen die Verantwortung bei Zeremonien, die mit Krieg und Raubüberfällen zu tun hatten.

EIN PUEBLO

Die Puebloindianer haben ihren Namen von den Dörfern aus Lehm- oder Steinhäusern erhalten, die sie bewohnten. Manche von ihnen wurden gebaut, lange Zeit bevor der Weiße Mann einen Fuß in dieses Gebiet setzte, und einige sind sogar heute noch bewohnt.

GEBÄUDE
Pueblos bestanden aus großen Gebäuden mit Flachdächern, die fast immer rechteckig oder oval waren und häufig mehrere Stockwerke besaßen. Die Etagen wurden terrassenförmig aufeinander aufgebaut. Meist errichtete man sie aus behauenen Steinen oder Lehm. Jedes Pueblo besaß auch ein kleines Straßennetz und einige großräumige Plätze.

BAUWEISE
Der Bau eines Lehmpueblos begann mit der Errichtung dicker Wände. Auf diese Lehmwände wurde dann Adobe – eine Mischung aus Lehm und Stroh, die nach dem Trocknen steinhart wird – aufgetragen. Adobe ist von einer graubraunen Farbe, so daß die Gebäude mit ihrer natürlichen Umgebung verschmolzen. Das Dach bestand aus Holzstangen und Ästen, die mit Erde und Gras bedeckt waren und wurde von innen mit riesigen Holzpfeilern gestützt.

Der Eingang zu jeder „Wohnung“ befand sich auf dem Dach und konnte nur über Holzleitern erreicht werden. Im Falle eines Angriffs wurden die Leitern eingezogen, so daß den Feinden das Eindringen erschwert wurde.

7
8

ÖFEN
Ein typisches Merkmal des Dorfes waren große runde Öfen, die sich außerhalb der Gebäude befanden und in denen Brot gebacken wurde.

1 Eingang durchs Dach
2 Kleines Fenster
3 „Bienenstock"-Ofen
4 Wände aus Adobe
5 Herd mit Feuer
6 Kamin zum Rauchabzug
7 Bau eines neuen Raumes
8 Verputzen der Wände

HÄUFIGE REPARATUREN
Die Häuser der Pueblos wurden ständig gewartet und repariert, damit sie sich im Regen nicht auflösten. Der Adobe mußte regelmäßig erneuert und die Grasdächer ausgebessert werden. Die meisten dieser Arbeiten wurden von den Familien oder der ganzen Gemeinschaft ausgeführt. Das Auftragen des Lehmbelags und das Glätten mit Schaffellen war für gewöhnlich Sache der Frauen.

„Vergiß dein Haus nicht.
Hier in deinem Haus
wirst du immer glücklich umhergehen,
und wir werden unsere Tage verbringen,
indem wir stets freundlich miteinander
reden."

— *Sprichwort der Zuni* —

Das Folienbild unten zeigt ein Pueblo. Jede Wohnung wird über das Dach betreten. Man erkennt die traditionellen kleinen Fenster, durch die Räuber nicht eindringen können. Einige dieser Pueblogebäude besitzen jedoch Türen, eine relativ moderne Einführung: Die Dorfbewohner scheinen sich vor Angriffen sicher zu fühlen.

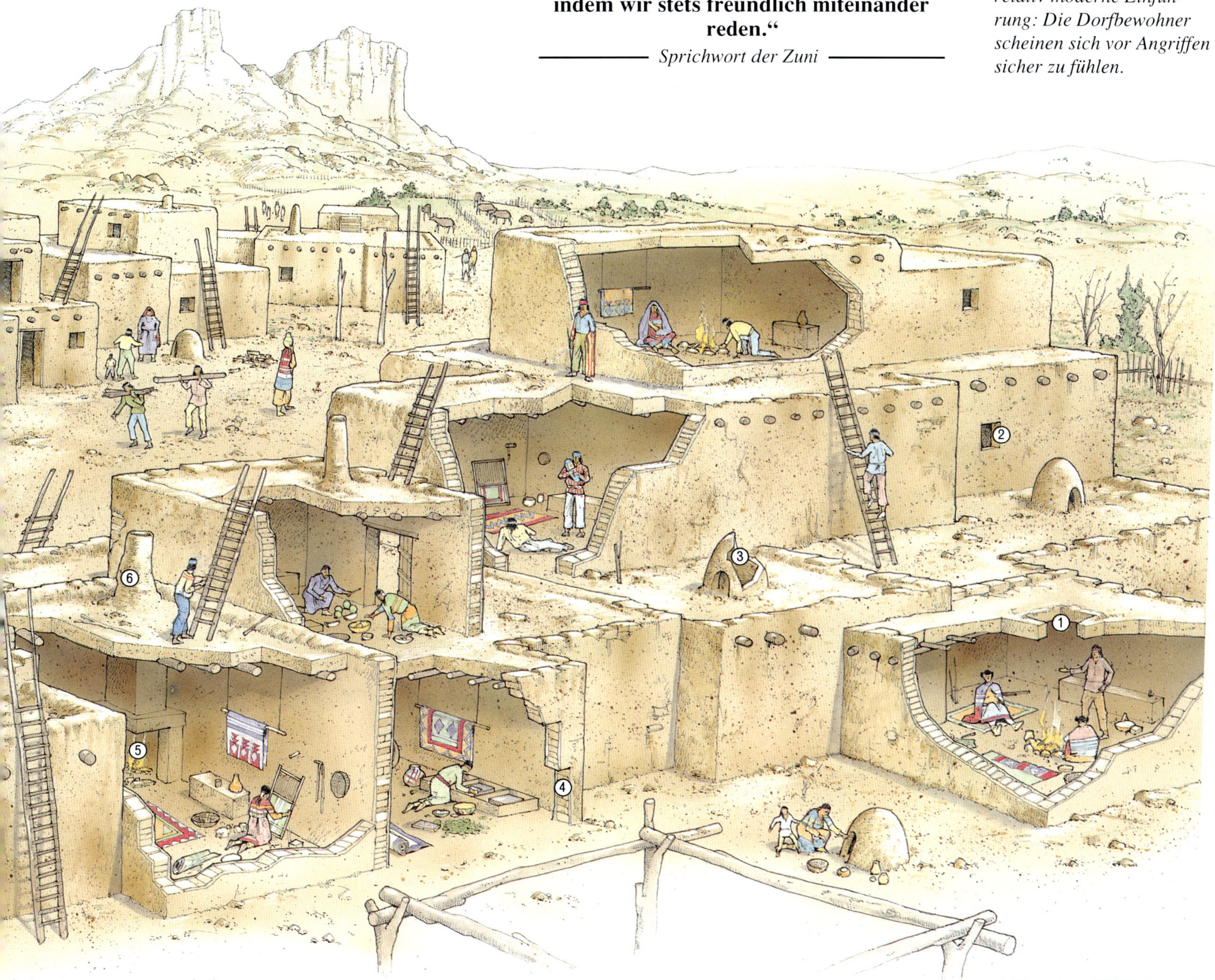

DIE FAMILIE

Kinder erhielten Spielzeug, mit dem sie Stammestraditionen und Zeremonien besser begreifen sollten. Hopieltern zum Beispiel gaben ihren Kindern Holzfiguren, die wie Katchinatänzer gekleidet waren, damit sie jedes einzelne Katchina zu unterscheiden lernten. Dies hier ist ein Regenkatchina. Seine Augen stellen Regenwolken dar und die Wimpern den Regen.

Ein Apachenbaby verbrachte den Großteil seines ersten Lebensjahres in einer Trage.

Die Familie war der Mittelpunkt des alltäglichen Lebens. Männer und Frauen teilten sich zwar manche Pflichten, wie etwa das Errichten neuer Gebäude, bei anderen Aktivitäten herrschte jedoch strikte Rollenteilung. Von klein auf unterrichtete man die Kinder in den Prinzipien und Wertvorstellungen des Stammes und versuchte aus ihnen starke und nützliche Mitglieder der Gesellschaft zu machen.

**„Puva, puva, puva,
die Käfer auf dem Weg
schlafen einer auf dem
Rücken des anderen,
und auf meinem Rücken,
mein Baby, schläfst du,
puva, puva, puva"**

Schlaflied der Hopi

ARBEITSTEILUNG

Bei den Apachen und Navajo bestellten die Männer die Felder und sammelten Feuerholz. Sie kümmerten sich um Pferde und Vieh, unternahmen Raubzüge und gingen auf die Jagd. Sie gerbten die Felle der erlegten Tiere und fertigten ihre Bögen, Pfeile und Schilde selbst an. Die Frauen sorgten für die Kinder, bereiteten das Essen zu, töpferten, webten Decken und hatten noch andere Pflichten rund um das Haus.

Die Pueblomänner bauten zwar die Häuser und die Kivas, aber die Frauen verputzten sie mit Adobe. Auch von den Kindern erwartete man, daß sie mithalfen. Navajojungen und -mädchen sammelten Holz für das Feuer und hüteten die Schafherden.

DIE ROLLE DER FRAU

Obwohl sich der Aufgabenbereich der Frau hauptsächlich auf Haus und Heim beschränkte, nahm sie in der Gesellschaft schon immer einen sehr wichtigen Platz ein, was durch viele Sagen und Zeremonien bestätigt wird. Auch einige der wichtigsten Geister sind weiblich.

In früheren Zeiten war die gesamte Habe einer Familie, abgesehen von persönlichen Gegenständen wie Kleidung, Schmuck oder Sättel, das Eigentum der Frauen.

Land und natürliche Resourcen, wie Wasser oder Holz, gehörten weder Mann noch Frau, sondern wurden von beiden Geschlechtern gemeinsam „verwaltet".

GUTES BENEHMEN

Man lehrte die Kinder, immer gelassen zu bleiben und Gewalt zu vermeiden. Die Eltern behandelten ihre Kinder freundlich, warnten sie jedoch vor der Strafe der Götter, wenn sie nicht artig waren. Böse Kinder schickte man zu den Zuchtmeistern des Dorfes, die furchterregende Masken trugen. Im Pueblo Tewa ließen diese Männer die Kinder tanzen, während sie mit Peitschen nach ihren Fersen schlugen. Manchmal wurden unartige Kinder auch lächerlich gemacht.

Wenn ein Apachenmädchen in die Pubertät kam, tanzte sie den „Tanz des Sonnenaufgangs“. Sie kostümierte sich als Changing Woman, eine wichtige mythologische Figur (siehe Seite 37). Unterstützt wurde sie beim Tanz von einer erwachsenen Frau, die einen guten Ruf haben mußte.

Einer der dramatischsten Augenblicke in der Sonnenaufgangs-Zeremonie war erreicht, wenn die Kronen- oder „Gan“-Tänzer die Berggeister darstellten. Die Tänzer riefen dabei die Berggeister an, damit diese das Böse vertrieben, Krankheiten heilten und Wohlstand brachten.

KINDHEIT

Die Geburt eines Kindes wurde stets gefeiert, häufig fand dabei eine spezielle Zeremonie statt. Im Pueblo Tewa hielt man das Neugeborene der aufgehenden Sonne entgegen und gab ihm seinen Namen. Im Lauf seiner Kindheit wurde ihm alles beigebracht, was es über das Leben in der Dorfgemeinschaft wissen mußte.

FRÜHES TRAINING

Ein Pueblojunge ging ins Kiva, um sich über die Riten und Pflichten der Kivagesellschaft belehren zu lassen.

Ein Apachenjunge lernte dagegen jagen und kämpfen. Seine erste große Prüfung bestand darin, an einem Überfall teilzunehmen. Jedes Apachenmädchen unterzog sich einer wichtigen Zeremonie, dem „Tanz des Sonnenaufgangs“, der ihren Eintritt in das Leben einer erwachsenen Frau markierte.

Wir wissen, daß die Anasazi mit Steinen spielten. Diese Spielsteine wurden komplett mit Lederbeutel gefunden.

NAHRUNG UND ACKERBAU

Dieser schöne Muschelschmuck stammt aus dem Jahr 1000 n. Chr. Zu seiner Herstellung bestrich der Hohokamkünstler Teile der Muschel mit einer teerähnlichen Substanz. Die unbedeckten Teile der Muschel wurden danach mit einer Säure aus dem fermentierten Saft des Saguaro (Kaktusart) weggeätzt, so daß herrliche Muster wie dieses entstanden.

Die Indianer im Südwesten waren hauptsächlich Farmer und lebten vor allem vom Ackerbau und von der Viehzucht. Sie sammelten aber auch wilde Früchte und Beeren und jagten Wild.

DAS KLIMA

Das Klima im Südwesten ist sehr trocken, und Wasser ist kostbar. In der Wüste regnet es nur selten, manchmal ein ganzes Jahr lang überhaupt nicht. Wenn der Regen dann kommt, dann meist mit so einer Wucht, daß er beträchtlichen Schaden anrichten kann. Außerdem liegt ein Großteil des Gebietes sehr hoch (1500 m). Deshalb wird die Wachstumszeit durch Spätfrost im Frühjahr und frühe Fröste im Herbst eingeschränkt.

Aus diesem Grund lebten die meisten Puebloindianer in Dörfern und betrieben Ackerbau entlang der Flüsse und Ströme, wo es genügend Wasser zur Bewässerung ihrer Felder gab. Andere Stämme wiederum lebten zwar auch in Dörfern, zogen aber weiter, wenn die Jahreszeiten wechselten. Die Mohave fingen Fische mit langstieligen Netzen aus geflochtenen Weidenzweigen. Andere Stämme, wie die Apachen, lebten vor allem als Jäger und Sammler. Sie zogen daher auf der Suche nach Nahrung in kleinen Gruppen umher.

Papagofrauen sammeln wilde Früchte zum Beispiel die des riesigen Saguaro, aus denen sie Marmelade, Sirup und Wein herstellen.

Apachenfrauen sammeln die Blüten von Yuccas. Eine der Frauen transportiert ihr Baby in einer Trage auf dem Rücken, eine andere hat einen großen Korb, der bei der Ernte von Früchten oder Beeren eingesetzt wird.

ACKERBAU

Stämme wie die Hopi und die Zuni praktizierten den sogenannten „Trockenland-Ackerbau“, indem sie ihre Felder dort plazierten, wo sie vom Regen profitieren konnten, der von den Felsen herablief. Andere dagegen bauten spezielle Bewässerungskanäle für ihre Felder.

FELDFRÜCHTE

Hauptsächlich wurden Mais, Bohnen, Kürbis und Baumwolle angebaut. Die Spanier führten später noch Weizen, Alfalfa, Chilli und Obstsorten (Pfirsich, Pflaume, Apfel und Kirsche) ein. Kräuter wurden ebenfalls gesammelt und bei Zeremonien verwendet oder zu Medizin gemacht. Mais war das wichtigste Nahrungsmittel. Während des ganzen Jahres fanden immer wieder Rituale statt, die Regen bringen und den Mais wachsen lassen sollten.

Das Trennen von Spreu und Weizen wurde in Einfriedungen mit einem Durchmesser von etwa 10 m ausgeführt. Diese Einfriedungen waren von Stöcken oder einem Holzzaun umgeben.

AUSSAAT

Das Frühjahr war die Zeit der Aussaat. Die Männer verrichteten die gesamte Feldarbeit mit hölzernen Stäben und Hacken. Die Ernte wurde im Herbst eingebracht. Weizen wurde mit Sicheln geschnitten und in Einfriedungen mit einem harten Adobeboden gebracht. Danach ließ man Ziegen und Pferde darübertrampeln, damit sich die Spreu von den Körnern trennte.

JAGEN UND SAMMELN

Die Navajo und die Apachen lernten den Ackerbau von den Puebloindianern, aber sie lebten hauptsächlich vom Sammeln wilder Früchte und eßbarer Pflanzen sowie von der Jagd auf Hirsche, Antilopen und Hasen. In Gruppen scheuchten die Männer dabei ihre Beute auf und drängten sie in Gruben oder Fallen. Die Frauen sammelten Nüsse, Beeren, Kakteen- und Yuccafrüchte.

SCHAFE UND VIEH

Die Navajo übernahmen die Schafzucht von den Spaniern. Schafe und Ziegen wurden für die Navajo sehr wichtig, weil sie sowohl als Fleisch- als auch Wollieferanten dienten. Aus den Fellen fertigten sie Stoffe, Teppiche und Decken für den Eigenbedarf oder für den Handel. Wer eine Viehherde besaß, galt als reich und bedeutend. Für gewöhnlich hüteten Frauen und Kinder die Herden.

DAS LEBEN DER APACHEN

Apachenkrieger versammeln sich bei Nacht um ein Lagerfeuer. Dieser Ausschnitt stammt aus einem Gemälde von Frederic Remington, dessen dramatische Bilder vom amerikanischen Westen in der ganzen Welt berühmt wurden.

Die Apachen waren wilde, nomadisch lebende Menschen, die auf den Spuren der umherwandernden Büffelherden etwa um das Jahr 1000 n. Chr. im Südwesten angelangten. Sie bildeten jedoch kein einheitliches Volk, sondern unterteilten sich in verschiedene Stämme – die Jicarilla, die Mescalero, die Chiricahua, die Kiowa- und die Lipan-Apachen. Auf unterschiedliche Weise wurden sie aber alle sowohl von den seßhaften Puebloindianern als auch von ihren umherziehenden Nachbarn in der Prärie beeinflußt.

JÄGER UND SAMMLER

Die Apachen waren in erster Linie Jäger und Sammler, wenngleich die Jicarilla und die Lipan auch etwas Ackerbau betrieben. Die Männer jagten in Gruppen nach Hirschen, Antilopen und Hasen. Sie waren hervorragende Jäger und legten oft weite Strecken zurück, wenn sie ihre Beute verfolgten.

Eine typische Szene in einem Apachenlager. Die Frau vor dem Wickiup bearbeitet ein Hirschfell mit einem Werkzeug aus Elch- oder Hirschknochen, während die Kinder nach den heimkehrenden Jägern Ausschau halten.

DIE ROLLE DER FRAU

Wie bei den benachbarten Präriestämmen erwartete man auch von den Apachenfrauen, daß sie Tierfelle gerbten, Leder zu Kleidung verarbeiteten und Stoffe webten. Außerdem sammelten sie wildwachsende Früchte und Nüsse.

Bei den Stämmen, die Ackerbau betrieben, bearbeiteten die Frauen auch die Felder, auf denen vor allem Mais, Bohnen und Kürbisse angepflanzt wurde. Außerdem lag auch die gesamte Hausarbeit, wie Kochen, Saubermachen und Brennholz für die Lagerfeuer sammeln, in ihren Händen.

Dieses bemalte Hirschleder zeigt einen rituellen Tanz. Da die Apachen Nomaden waren, drückten sie ihre Kunst meist in praktischen Gegenständen aus, die sie problemlos mitnehmen konnten.

WICKIUPS

Jeder Apachenstamm bestand aus einer Gruppe von Familien, die alle miteinander verwandt waren. Die Stammesgruppen lebten in Lagern aus runden, mit Büschen bedeckten Behausungen, den „Wickiups". Bei warmem Wetter zogen die Indianer in etwas luftigere Hütten mit Busch- und Grasdächern, sogenannte „Remadas", die sich neben den Wickiups befanden.

Wickiups waren runde, konische oder kuppelförmige Hütten. Für gewöhnlich errichteten sie die Frauen aus Weidenruten, die mit Pflanzenfasern der Yucca zusammengebunden und mit Gestrüpp oder Bärengras bedeckt wurden. Bei kaltem Wetter legte man auf die Wickiups noch Planen aus Leder, die sich leicht aufrollen und entfernen ließen, wenn es wieder wärmer wurde.

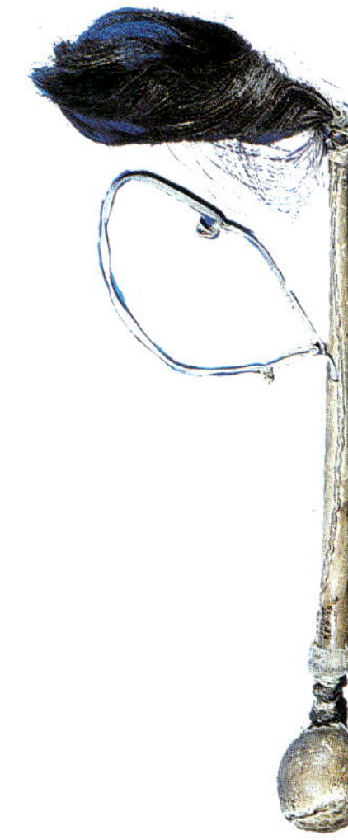

Eine Keule für den Kampf, bestehend aus einem Steinkopf, einem mit Leder überzogenem Holzgriff und einem Schwanz aus Pferdehaaren.

VERWEGENE RÄUBER

Die Apachen waren mutige und schlaue Räuber, die überraschend angriffen, um Pferde, Rinder und anderes Vieh zu stehlen. Überfälle auf andere Indianervölker sowie auf Spanier und später auch auf Mexikaner und Anglo-Amerikaner, machten sie zu gefürchteten Feinden.

RELIGION

Die Apachen glaubten, daß Religion nicht nur eine Angelegenheit des Einzelnen, sondern der ganzen Gemeinschaft sei. Durch eine persönliche Vision wurde Kraft geschöpft, die mit dem Rest der Gesellschaft geteilt wurden. Personen, die so etwas taten, hießen Schamanen. Ein Schamane spielte nicht nur bei den großen Ritualen eine wichtige Rolle, sondern half auch den Kranken mit seinen Zeremonien.

ZAUBEREI

Oftmals wurde angenommen, daß Krankheit und Unglück durch Zauberkraft angelockt worden waren. Viele Apachen glaubten an Hexen und Geister und wollten sich davor schützen. Wenn eine Person gestorben war, wurde deshalb ihr Haus und ihre gesamte Habe verbrannt.

Ein junger Apachenkrieger jagt eine Antilope. Die Jagd auf große Tiere war Aufgabe der Männer. Das Training dafür begann bereits in der Kindheit, wenn die Knaben die Regeln und Rituale lernen mußten, die erforderlich waren, um geschickte und erfolgreiche Jäger zu werden.

DIE HOGANS DER NAVAJO

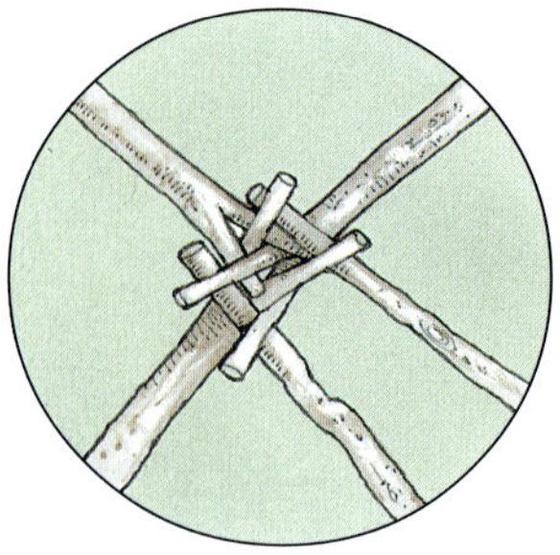

Der Rahmen eines traditionellen Hogan besteht aus drei gekreuzten Stangen plus zwei weiteren Stangen, die den Eingang bildeten.

Das Folienbild zeigt ein paar der wichtigsten Hogan-Bauweisen.

Der zweite räuberische Stamm im Südwesten waren die Navajo. Allerdings wurden sie von den Puebloindianern so stark beeinflußt, daß sie sich bald einem etwas friedvolleren Leben und dem Ackerbau zuwandten. Die traditionelle Behausung der Navajo hieß „Hogan“.

VIELSEITIGE HÜTTEN

Das Hogan war ein niedriges, kuppelförmiges Gebäude mit Wänden aus Baumstämmen, die mit Lehm verbunden und mit Erde bedeckt waren. Im Winter war es darin warm und im Sommer kühl. Die Hogans waren zu kleinen Siedlungen angeordnet und befanden sich überall auf Navajo-Land.

Eine Familie besaß oft mehr als ein Hogan, jedes diente einem anderen Zweck – in dem einen wurde gelebt, das andere war nur Vorratsraum und im dritten fanden ausschließlich Heilungszeremonien statt.

DIE BAUWEISE

Die alten Hogans waren konische Gebäude aus drei aufrecht stehenden Stangen, die oben zusammengebunden waren. Zwei weitere Stangen wurden an der Ostseite als Eingang gegen die so entstandene Gabelung gelehnt. Das ganze Gebilde bedeckte man mit Erde, nur der Eingang und ein Abzugsloch für den Rauch blieben frei. Die Schwitzhütten der Navajo werden auch heute noch auf diese Weise gebaut.

Das neuzeitlichere Hogan war dagegen sechseckig. Es hatte einen Rahmen aus vier überkreuzten Pfosten, die im Boden verankert waren. Eine Kuppelform erhielt es durch Holzstämme, die schichtweise übereinander gestapelt wurden. Auch hier bedeckte man das ganze Gebäude mit Erde.

ANDERE GEBÄUDE

Im Umkreis der Hogans befanden sich noch andere Gebäude. Es gab offene Unterkünfte, die Schatten spendeten, sowie Schafpferche und andere Einfriedungen für die Tiere, „Freiluft"-Herde und eine Schwitzhütte.

1 **Neuzeitlicheres Hogan**
2 **Abzugsloch**
3 **Feuerstelle**
4 **Zeremonielles Hogan mit „Beinen"**
5 **Gabelstangen-Hogan, die älteste Hogan-Bauart**
6 **Schwitzhütte für reinigende Bäder**
7 **Offene Hütte**

DAS INNERE EINES HOGAN

Die Innengestaltung eines Hogans folgte traditionellen Regeln. Die Feuerstelle befand sich immer in der Mitte, der Eingang stets in Richtung Osten.

Die Menschen schliefen und saßen um das Feuer herum, wobei jeder seinen speziellen Sitzplatz hatte. Die Männer saßen auf der Nordseite, die Frauen im Süden. Gäste und andere wichtige Personen wie Schamanen oder Priester nahmen an der Westseite Platz. Kräuter, getrocknete Nahrung, Waffen, zeremonielle Gegenstände und Kleidung wurden unter dem Dach aufbewahrt. Töpfe und Pfannen lagen bei der Feuerstelle.

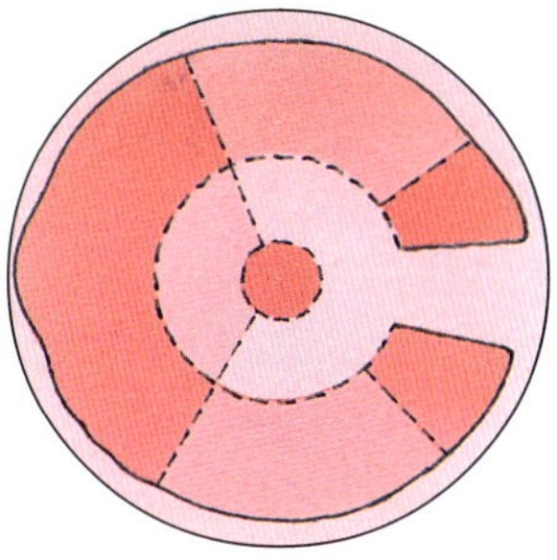

Verschiedene Teile eines Hogans haben von den Navajo Namen erhalten, darunter die nördlichen, südlichen und westlichen Nischen (oben, unten und links im Diagramm), ebenso wie die Kochstelle (Mitte), der „Bereich zwischen dem Feuer und der westlichen Wand" und das Feuer selbst.

KLEIDUNG UND SCHMUCK

Die Bekleidung der ersten Menschen im Südwesten wurde aus Fell, Leder, Federn und Baumwolle angefertigt. Nachdem die Spanier das Schaf eingeführt hatten, nahmen die Indianer die Wolle zur Herstellung von wärmenden Umhängen und Decken. Türkis- und Silberschmuck war bei den Männern und Frauen dieser Region äußerst beliebt.

Manche Sandalen und Körbe der Hohokam haben in der trockenen Bergluft des Südwestens die Zeit überdauert. Diese Sandalen wurden aus Yuccafasern geflochten.

Männer und Frauen der Yuma und der Mohave bemalten ihre Gesichter und tätowierten oft ihr Kinn. Manchmal geschah das zu reinen Verschönerungszwecken, häufig aber wurden die Tätowierungen von Träumen inspiriert und besaßen daher eine persönliche, spirituelle Bedeutung.

DIE BEKLEIDUNG DER PUEBLOS

Die Puebloindianer spannen die Baumwolle zu Garn und webten daraus Stoffe. Es gab den kleinen Gürtelwebstuhl, auf dem die Männer rituelle Schärpen webten, und den großen aufrecht stehenden Webstuhl auf dem Stoffe gewebt wurden.

Die Bekleidung der Männer bestand aus Baumwollhosen und -röcken. Die Frauen wickelten sich ein Stück Stoff um den Körper, das unterhalb des linken Armes und über der rechten Schulter zusammengehalten wurde. Darunter trugen sie eine Art Wickelrock aus Leder, der bis zu den Spitzen ihrer Mokassins reichte. Später wurde die Kleidung dann aus Wollstoffen hergestellt. Die Yuma, deren Heimat sich in einem der heißesten Gebiete befand, benötigten nur wenig Kleidung. Meist trugen die Männer nur enge Hosen und die Frauen eine Art Schürze, die Vorder- und Rückenteil bedeckte.

Viele Kleidungsstücke wurden mit Stickereien verziert. Dieses einfache Lederhemd mit Fransen war sicher die Alltagsbekleidung eines Kindes.

DIE RÄUBERISCHEN STÄMME

Früher bestand die Bekleidung der Apachen und der Navajo aus Tierhäuten. Die Männer trugen Hosen und langärmlige Hemden, die Frauen zweiteilige Kleider oder Röcke. Die Navajo übernahmen später die Webstühle und den Bekleidungsstil der Pueblos.

Als im 19. Jahrhundert europäische Tuchwaren eingeführt wurden, entwickelten die Navajofrauen eine eigene Tracht aus Baumwollsamtblusen und weiten Kattunröcken, die sie auch heute noch tragen.

Das Haar eines jungen Navajomädchens wurde mit einer Bürste aus zusammengebundenen harten Grasstengeln gekämmt (links). Hopimädchen wikkelte man das Haar um einen hölzernen Haarreif zu Schnecken. So entstand die „Kürbisblüten"-Frisur des Mädchens vorne.

BEKLEIDUNG FÜR SCHLECHTES WETTER

Wenn es kalt wurde, trugen alle Indianervölker Decken oder Ponchos. Zunächst bestanden diese aus zusammengenähten Kaninchenfellen. Zum Schutz vor kalten Füßen zog man Stiefel aus dickem Fell an, die oft mit Perlen verziert waren.

Mit der Einführung der Wolle übernahmen die Navajofrauen den spanischen Brauch, „Serapes" (Schals) zu weben, die mit Rauten, Dreiecken und Streifen verziert waren.

Diese Stiefel eines Mescalero-Apachen sind reich verziert mit Perlen, Metallknöpfen und anderem Schmuck. Der Schaft ist aus weichem Hirschleder, die Sohlen dagegen aus viel dickerem Wildleder.

FRISUREN

Die Indianer pflegten ihr Haar sorgfältig. Aus Pflanzen bereiteten sie dafür Haarwasser und -spülungen zu. Für gewöhnlich wurde das Haar lang getragen und auf verschiedene Arten zurückgekämmt. Manchmal zeigte eine spezielle Frisur die Position im Stammesverband an. Die „Kürbisblüten"-Frisur beispielsweise kennzeichnete unverheiratete Pueblomädchen. Manchmal band man auch ein Tuch um das Haar.

Die Navajomänner trugen oft einen Schal als Haarband, die Frauen dagegen banden sich das Tuch wie eine Kappe um, so daß es den oberen Teil des Kopfes bedeckte.

Bei Zeremonien blieb das Haar meist offen. Nur hochrangige Apachenkrieger durften sich einen speziellen Kopfschmuck oder eine verzierte Kappe aufsetzen.

Uhrentaschen waren bei den Apachenmännern groß in Mode.

KORBFLECHTEREI UND KERAMIK

Stilisierte Blumen, Vögel oder andere Tiere, wie die Hirsche auf diesem Wasserkrug, waren bei den Zuni vor allem im 19. Jahrhundert beliebte Motive.

Der Südwesten besitzt eine lange Tradition im Kunsthandwerk, die über 12 000 Jahre bis zu den ersten Zivilisationen zurückreicht. Allerdings haben sich diese Traditionen im Lauf der Jahrhunderte durch verschiedene Einflüsse von außen ständig weiterentwickelt und verändert. Die indianischen Kunsthandwerker sind heute für ihre Körbe, Tongefäße, Teppiche, Schmuckstücke und Schnitzereien in der ganzen Welt berühmt.

Dieser Zuni-Töpfer formt aus Ton lange Wülste, die er dann spiralförmig aufeinanderlegt, so daß sie die Wände eines Gefäßes bilden.

KORBFLECHTEREI

Die ältesten Beispiele für Korbflechterei fand man in den Höhlen, der Anasazi. Manche von ihnen waren so fest geflochten, daß sie sogar Wasser hielten! In der Kunst des Korbflechtens zeigten sich vor allem die Apachenfrauen sehr geschickt, deren Trage- oder Vorratskörbe nicht nur praktisch, sondern auch dekorativ waren. Sie verwendeten dazu Weidenruten und anderes biegsames Holz und färbten die Körbe mit Pflanzenfarben ein. Die ältesten Verzierungen bestanden aus geometrischen Formen, Spiralen und Kreuzen. Im 19. Jahrhundert kamen dagegen realistischere Motive wie Pferde und Hunde in Mode.

Auch die anderen Völker im Südwesten besaßen eigene Traditionen im Korbflechten. Bei den Pueblos trat dieses Handwerk durch die Entwicklung der Töpferei zwar etwas in den Hintergrund, aber die Hopi haben ihre Tradition bis heute bewahrt.

Eine Apachenfrau bei der Herstellung eines enggeflochtenen flachen Korbes. Die Pflanzenfasern weicht sie mit Wasser auf, das sie in dem kleinen Krug neben sich stehen hat.

KERAMIK

Die Töpferei, ein weiteres altes indianisches Kunsthandwerk entwickelte sich aus der Korbflechterei.

Irgendwann zwischen 400 und 700 n. Chr. begannen die Indianer im Südwesten offene Körbe als „Modellformen" zu benutzen. Sie kleideten sie innen mit Lehm aus und ließen diesen trocknen.

Später entstand die Technik, Tonwülste spiralig aufeinander zu legen und dann die so entstandenen Gefäßwände glattzustreichen. Mit Hilfe von primitiven Brennöfen produzierte man bald wasserdichte Gefäße in vielen verschiedenen Formen und Größen zum Kochen und Aufbewahren von Nahrung.

SPANISCHER EINFLUSS

Die Töpferei der Puebloindianer änderte sich nach der Eroberung durch die Spanier drastisch. Die Spanier zeigten sich beeindruckt von der Qualität und der Schönheit der Gefäße und kauften sie den Pueblos in großen Mengen ab. Daraufhin begannen die Indianer mit der Herstellung nicht-traditioneller Gegenstände, die den Geschmack ihrer neuen „Kunden" noch besser treffen sollten. Dazu gehörten sogar Kerzenhalter und Taufbecken.

Auch die keramischen Muster wurden durch die Spanier beeinflußt, wie sich am plötzlichen Auftreten von Blumenmustern und dem maurischen achteckigen Stern zeigt. Im 19. Jahrhundert kamen die weißen Händler in den Südwesten und für die indianischen Töpfer tat sich ein neuer Markt auf.

Jedes Pueblo bemalte seine Gefäße mit seinen eigenen Mustern. Im Zia Pueblo wurden zum Beispiel Himmels-, Vogel- und Wolkenmotive bevorzugt, während man sich im Santa Domingo Pueblo auf geometrische Muster spezialisierte.

Das Brennen von Töpferwaren. Die Gefäße werden verkehrt herum auf ein Stück Metall oder ein Gitter gelegt.

Danach umgab man die Gefäße mit Tonscherben oder Metallplatten, damit sie nicht zu brennen begannen. Zum Heizen benutzte man meist Holz. Es wurde über den Scherbenhaufen verteilt und angezündet.

Manchmal wurde eine besondere Technik angewendet, um die Gefäße schwarz zu färben: Wenn das Feuer heiß loderte, bedeckte man es mit Stroh, so daß dicker Ruß entstand, der die Töpfe schwarz färbte. Nach Beendigung des Brennvorgangs hob man die Gefäße aus der Asche und säuberte sie.

DAS KUNSTHANDWERK

Eine Fetisch-Kette, wie dieses Exemplar aus dem Zuni Pueblo, wird oft aus Muscheln hergestellt.

Das Weben ist eine alte Kunst, die von den Indianern bereits seit über 9000 Jahren betrieben wird. Früher wurde die Weberei hauptsächlich von Männern ausgeführt, da es sich dabei um eine heilige Beschäftigung handelte. In den Kivas wurden für Katchinas aus den Fasern von Yuccas, aus Baumwolle, Hasenfellen und Federn Schärpen gewebt oder genäht.

DAS WEBEN

Die Wolle wurde um 1600 eingeführt, als die Spanier Schafe in das Gebiet brachten. Besonders die Navajo, die wahrscheinlich von den Puebloindianern das Weben gelernt hatten, waren von der neuen Faser begeistert. Ihre Frauen begannen, die Wolle zu spinnen und sie auf senkrecht stehenden Webstühlen zu verarbeiten.

Die Navajo webten ihre Decken nicht nur für den Eigenbedarf, sondern trieben damit Handel mit anderen Indianern oder Siedlern. Die Decke oben zeigt ein traditionelles Muster. Auf dem Teppich unten sind zwei heilige Menschen und eine Maispflanze dargestellt.

MUSTER

Die Navajo machten sich mit ihren unterschiedlichen Webarten und den kunstvollen Streifenmustern einen Namen. Sie verwendeten natürliche schwarze und weiße Wolle und mischten sie für Grautöne. Aber sie experimentierten auch mit Pflanzen- und Erdfarben, durch die sie Gelb, Blau, Grün und Rot erhielten. Rot war sehr beliebt, eine Farbe, die aus winzigen Insekten hergestellt wurde.

Ein Navajo-Weberin sitzt an einem großen, senkrechten Webstuhl, der aus zusammengebundenen Baumstämmen besteht.

Bei diesem attraktiven Behälter an einer Halskette handelt es sich um einen Tabakbeutel der Apachen. Er wurde um 1860 aus Büffelleder angefertigt und kopiert im Stil die silbernen Tabakdosen der Mexikaner und Navajo.

TÜRKISE

Die Zuni waren im Herstellen von Schmuck sehr begabt und hatten sich auf Einlegearbeiten spezialisiert. Dazu verwendeten sie Türkise, aber auch Korallen und andere Steine. Die schönsten Schmuckstücke stammen aber wohl von den Navajo, die aus Eisen und Kupfer Ketten, Armbänder, Ringe und Ohrringe schmiedeten und sie mit Türkisen verzierten.

In Arizona, New Mexico und Colorado waren die Türkisvorkommen am größten. Dieser Stein wurde nicht nur wegen seiner Schönheit geschätzt, sondern auch, weil er angeblich vor allem Bösen beschützte.

SILBERSCHMIEDE

Die Navajo sahen die Kunst des Silberschmiedens zum ersten Mal bei den Spaniern. Sie waren so fasziniert von diesem neuen Metall, daß es zur Hauptbeute ihrer Überfälle wurde. Im 19. Jahrhundert lernten die Navajo das Silberschmieden von den Mexikanern. Bald darauf stellten sie Schmuck aus amerikanischen und mexikanischen Münzen her.

Viele Entwürfe ihrer Schmuckstücke basieren auf den Blättern und Blüten der Maispflanze, des Kürbisses und des Granatapfels. Ein anderes beliebtes Muster war das hufeisenförmige „Naja“, ursprünglich ein altes maurisches Symbol, mit dem die Spanier das Zaumzeug ihrer Pferde verzierten.

KATCHINAS

Die Hopi, die Zuni und andere Puebloindianer schnitzten Katchina-Figuren oder -Puppen, wie es manchmal heißt, obwohl es sich hierbei nicht um Puppen im herkömmlichen Sinn handelte. Es gab viele Katchinas und jede stellte ein übernatürliches Wesen dar, das eng mit den Bräuchen, dem religiösen Glauben und der Stammesgeschichte verbunden war. Die Größe der Katchina-Figuren variierte von wenigen Zentimetern bis zu 30 cm. Die Männer schnitzten sie aus den Wurzeln heiliger Pappeln.

Die Katchina-Figuren hatten meist hervorstehende Augen und Ohren, schnabelähnliche Münder und Nasen und einen kunstvollen Kopfschmuck. Sie waren bunt bemalt – in Weiß, Rot, Blau oder in Grün und Schwarz. Die Farben stammten seit altersher von Pflanzen, wenngleich später die Wasser- und Plakatfarben der Händler begeistert übernommen wurden. Die Farbe war häufig von spiritueller Bedeutung.

Wie die Katchinas selbst können die Katchina-Masken Himmel, Sterne, Wolken, Gewitter, Tiere, Vögel und übernatürliche Wesen darstellen. Diese hier aus bemaltem Leder repräsentiert die Lebewesen der Erde und des Himmels.

Die Silberschmiedekunst setzte sich bei den Navajo erst richtig durch, als sie im Bosque Redondo Reservat eingesperrt wurden. Zu dieser Zeit lernten sie auch, Fassungen für Edelsteine herzustellen, eine Kunst, die sie an die Zuni weitergaben. Dieser Handwerker benutzt einen primitiven Handbohrer mit dem er Löcher in flache Türkise und Muschelperlen bohrt.

TANZ UND MUSIK

Die Shalako-Tänzer trugen Kostüme, in denen sie aussahen wie große, flügellose Vögel mit langen schwarzen Schnäbeln.

Für die Indianer im Südwesten spielte der Tanz schon immer eine große Rolle. Durch ihn drückten sie ihre Lebenseinstellung aus, ihr Verhältnis zur Natur und ihre Stellung innerhalb des Stammes.

TÄNZE ZU DEN JAHRESZEITEN

Das ganze Jahr über fanden in den Pueblos Tänze statt, die meist den Wechsel der Jahreszeiten markierten. Für gewöhnlich wurden sie auf den Plätzen des Pueblos dargeboten, so daß die Leute von den Dächern ihrer Häuser aus zusehen konnten.

Sorgfältige Vorbereitungen waren der Schlüssel zu einer gelungenen Aufführung des Tanzes. Alle Farben und Details der Kostüme mußten stimmen, die Tanzschritte mußten exakt gesetzt werden, die Gesänge sollten sowohl rhythmisch als auch für die Zeremonie geeignet sein. Es war Tradition, Lieder und Tanzschritte der Rituale den Knaben beizubringen, sobald sie alt genug waren, an den Treffen in den Kivas teilzunehmen.

STAMMESTÄNZE

Jeder Stamm besaß seine eigenen Tänze, die zu den unterschiedlichsten Anlässen aufgeführt wurden. In manchen Tänzen wurden nur Geschicklichkeit und Ausdauer zur Schau gestellt, häufiger hatten sie jedoch eine religiöse Bedeutung. Zum Beispiel sollten sie Regen herbeiführen, die Saat zum Wachsen bringen oder Krankheiten kurieren. Einige Tänze ehrten Vögel und Tiere, wieder andere erzählten Geschichten und Legenden. Viele Tänze werden auch heute noch auf die gleiche Weise wie vor Hunderten von Jahren aufgeführt.

DER SCHLANGENTANZ

Es gab viele berühmte Tänze. Der Schlangentanz, den die spanischen Eindringlinge so haßten, war ein Regentanz: In einem Kiva tanzte ein Schlangenpriester auf dem Altar und hielt dabei eine Schlange im Mund. Nach der Zeremonie trug man die Schlange zu einem besonderen Ort und ließ sie dort, mit der Bitte Regen zu bringen, frei.

Diese Malerei an der Wand eines Kiva zeigt einen Tänzer. Manche dieser Gemälde auf Kivawänden datieren zurück bis ins 11. Jahrhundert.

Trommel und Trommelstock der Apachen. Die Trommel ist aus Tierhaut gefertigt, die über einen Holzrahmen gespannt wurde und dient zur Begleitung der Stammestänzer.

TÄNZE DER ZUNI

Die Zuni kannten eine Vielzahl von Tänzen bei denen sie aufsehenerregende Masken trugen, die in der großen Winterzeremonie, dem Shalako, gipfelten. Die Shalako galten als die Boten der Katchinageister. Sie kamen in das Pueblo, um in den eigens für sie errichteten Häusern zu tanzen.

LIEDER

Ebenso wie die Tänze waren die Lieder entweder Teil eines Rituals oder sie wurden nur zum Vergnügen gesungen. Die Navajo hatten für jeden Anlaß das passende Lied: Schlaflieder, Kinderlieder, lustige Lieder und auch viele Tanzlieder. Dann gab es die vielen Zeremonienlieder und die Gesänge der „Sings" (siehe Seite 39).

Beinahe jedes Lied wurde von einer Trommel begleitet, aber auch Flöten aus Zedernholz, Tonpfeifen und Rasseln waren sehr beliebt.

Bei den Navajo verwendete der Sänger oder einer seiner Helfer eine spezielle Rassel, die aus dem Holz eines vom Blitz getroffenen Baumes geschnitzt sein mußte und beim Schütteln das Geräusch eines Donners nachahmen sollte.

Die „Koshare" oder „heiligen Narren" wurden in typischen schwarz-weißen Streifen gemalt. Sie begleiteten die Katchinas bei Tänzen, die hauptsächlich mit Fruchtbarkeit und dem Wachstum der Saat zu tun hatten.

Im Taos Pueblo wurde der Hirschtanz von der Hirschmutter angeführt, die vorher sorgfältig von den spirituellen Anführern des Pueblos ausgesucht worden war. Bei diesem Tanz trugen die Männer die Felle und Geweihe der Hirsche, die während der Jagdsaison erlegt worden waren.

TOD UND BEGRÄBNIS

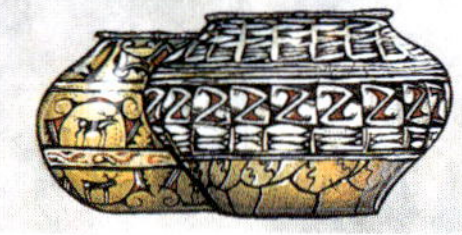

Die Navajo fürchteten sich vor allem was mit Tod zu tun hatte. Niemals berührten sie eine Leiche. Häufig verbrannten sie das Hogan eines Toten und alles was darin war, weil sie es für verseucht hielten.

Alle Indianervölker des Südwestens glaubten an ein Leben nach dem Tod. Die Menschen hatten Angst, daß die Geister nach Hause zurückkehren und die Lebenden heimsuchen könnten, daher vollführten sie Rituale, um die Hinterbliebenen vor Schaden zu bewahren. Apachen, Pima und Navajo verbrannten die Besitztümer eines Verstorbenen. Die Apachen glaubten, daß sich in manchen Tieren, wie Koyoten, Bären und Eulen, Hexen und rastlose Geister verbergen konnten.

BEGRÄBNISZEREMONIEN

Die Pueblos versuchten, mit ihren Zeremonien die Hinterbliebenen zu trösten und ihnen dabei zu helfen, den Toten schneller zu vergessen. Im Zuni Pueblo schnitt der Priester dem Toten eine Haarlocke ab. Danach zog er am Boden zwei Linien aus Maismehl, um die Hinterbliebenen durch diese „Straße" symbolisch von ihrer Trauer zu trennen.

DAS WEGSCHICKEN DES GEISTES

Die Puebloindianer glaubten, daß sich der Geist oder „Wind" eines Verstorbenen noch vier Tage lang in seinem Haus aufhält. Am vierten Tag errichtete der Priester einen Altar, auf den er Gebetsstöcke, die Besitztümer des Toten, eine Schüssel mit Medizinwasser und einen Korb mit Nahrung legte. Danach zog er eine weitere „Straße" aus Maismehl, besprengte die Verwandten des Toten mit Wasser und öffnete die Haustür. Zuletzt sprach er mit dem Verstorbenen und lud ihn ein, sich zu setzen und ein letztes Mal zu essen, bevor er endgültig weggeschickt würde.

DAS VERJAGEN DES TOTEN

Danach wurde alles, was bei dieser Zeremonie benutzt worden war, außerhalb des Dorfes verbrannt und die Trauernden jagten den Toten symbolisch auf der „Maismehl-Straße" davon. Zum Schluß verriegelte man vor dem Geist des Verstorbenen die Tür.

Zum Totenfest boten die Pueblofrauen ihren toten Verwandten Geschenke dar. Sie stellten Schüsseln mit Nahrung auf die Gräber und zündeten ringsherum Kerzen an.

DIE „WEISSE-WOLKEN"-MASKE

Die Hopi glaubten, daß der Tote in einer neuen Welt wiedergeboren wurde, deshalb ähnelten viele ihrer Zeremonien denen für ein Neugeborenes. Sie wuschen Gesicht und Körper des Verstorbenen mit Maismehl und gaben ihm einen neuen Namen. Dann banden sie Federn über seinen Kopf, bemalten sein Gesicht schwarz und legten eine Baumwoll-Maske, eine „Weiße-Wolken"-Maske darüber. Sie sollte den Körper leicht wie eine Wolke machen und dem Toten in der neuen Welt das Atmen ermöglichen.

GESPENSTER UND HEXEN

Wenn eine Person keines natürlichen Todes starb, hielt man dies oft für das Resultat einer Verzauberung. Viele Indianer glaubten an Gespenster und an die Macht von Hexen und wollten sich dagegen schützen. Für die Navajo waren Gespenster einsame Geister, die aus dem Jenseits zurückgekehrt waren, um andere Geister zu suchen, sich für ein Unrecht zu rächen oder weil sie vernachlässigt worden waren, zum Beispiel, wenn ihre Leiche nicht ordentlich verbrannt oder ihr Grab zerstört worden war.

Egal wie freundlich und nett eine Person im Leben gewesen war – ihr Geist konnte den Lebenden sehr gefährlich werden. Nur die Geister von sehr alt oder sehr jung Verstorbenen hielt man für harmlos. Gespenster kamen in der Dunkelheit, manchmal als Menschen, manchmal in Gestalt von Tieren, wie Eulen oder Koyoten. Sie bewohnten das Land der Toten – ein furchterregender, düsterer Ort, über den die Lebenden keine Kontrolle hatten.

BEGRÄBNIS IN DEN BERGEN

Die Bräuche der Apachen waren ganz anders. Wenn jemand starb, weinten und jammerten sie in aller Öffentlichkeit und schnitten sich das Haar ab, fast so wie die Prärie-Indianer. Ein toter Apache erfuhr eine letzte rituelle Waschung und wurde dann in seine schönsten Kleider gehüllt. Danach setzte man ihn, zusammen mit so vielen seiner Besitztümer wie möglich, auf sein Lieblingspferd. Eine Gruppe Männer führte das Pferd und seine Last weit weg in bergiges Land und suchte dort eine Felsspalte, die als Grab geeignet war.

Apachen führen das Pferd eines toten Kriegers in die Berge. Teile seiner Besitztümer werden mit ihm begraben, der Rest wird verbrannt. Das Pferd wird ebenfalls getötet, damit es seinen Besitzer ins Jenseits begleiten kann.

SAGEN UND LEGENDEN

Dieses Wassergefäß hat die Form einer Eule. Vögel und andere Tiere findet man häufig in der Mythologie der Zuni.

Schon seit etwa 1000 v. Chr. malen und ritzen die Indianer des Südwestens Bilder auf Felsen. Die verzierten Steine markieren häufig heilige Orte und erzählen die Geschichte der frühen Indianervölker. Auch heute noch besuchen die Indianer diese Orte, um die alten Geschichten kennenzulernen.

Die Indianer liebten es, Mythen, Sagen und Legenden zu lauschen. Oft versammelten sich die Familien um das Feuer herum und erzählten sich Geschichten. Diese Geschichten waren sowohl unterhaltsam als auch lehrreich und hatten meist mit dem religiösen Glauben und den Traditionen des Volkes zu tun.

DAS GESCHICHTENERZÄHLEN

Die Legenden von Göttern, Geistern und Vorfahren wurden von Vater zu Sohn weitergegeben. Dazu zählten auch Geschichten über die Entstehung der Welt und des Menschen sowie Geschichten von Stammeshelden.

Geschichten wurden meist von professionellen Erzählern vorgetragen, wichtige Mythen jedoch getanzt oder gesungen. Da die Indianer keine Schrift hatten, wie wir sie kennen, malten sie ihre Geschichten manchmal mit Zeichen und Bildern an die Felswände der Cañons.

Diese beiden Figuren stellen Götter dar und sind auf eine Kivawand in New Mexico gemalt worden. Sie stammen aus der Mitte des 15. Jahrhunderts. Avan Yu (ganz oben) ist die Schlange der Unterwelt. Sie gilt als Heiler und soll Regen in die Wüste bringen. Ko-Lo-Wissi (oben) ist der Gott der gefiederten Schlange. Diese Gottheit ist auch einer der Hauptgötter der Maya und der Azteken.

Eine Indianerlegende erzählt, wie die Söhne von Changing Woman und ihrem Mann, der Sonne, viele bedrohliche Monster, darunter auch den Wolkenschlucker, töteten.

VERSCHIEDENE MYTHEN

Zu den Haupttypen der indianischen Mythen zählen die Schöpfungsmythen, die erklären, wie die Welt und ihre Bewohner geschaffen wurden, Entwicklungsmythen, die davon erzählen, wie die Menschen von vergangenen Welten in die jetzige gelangten, und Heldenmythen, die von den Taten eines Helden berichten. Die ersten Lebewesen und Urahnen, von denen in diesen Geschichten oft die Rede ist, sind Lehrer, die den Indianern Künste wie das Weben und das korrekte Ausführen von Zeremonien beibringen.

Im Schöpfungsmythos der Hopi erschaffen Tawa, der Himmelsgott, und Großmutter Spinne die Erde und alles, was darauf ist. Großmutter Spinnes Aufgabe ist es, die Ordnung aufrechtzuerhalten, deshalb erschafft und benennt sie alle Indianervölker. Sie unterteilt die Stämme in Familien und wählt für jede ein Tier, das sie führen soll. Damit erklären die Hopi das Clansystem ihres Volkes. Auch heute noch werden die Hopi-Familien von ihren speziellen Clan-Tieren geführt.

HERVORKOMMEN AUS DER ERDE

Die Erscheinungsmythen der Navajo berichten, daß die Heiligen Menschen einst unter der Erdoberfläche gelebt haben. Doch eines ihrer Stammesmitglieder zwang sie durch Zauberkraft, von einer unterirdischen Welt in die nächste zu wandern. Schließlich kam jedoch eine große Flut, die die Heiligen Menschen in die gegenwärtige Welt brachte.

DIE HELDENHAFTEN ZWILLINGE

Changing Woman spielt in vielen Mythen des Südwestens eine große Rolle. In einer Geschichte der Navajo gebärt sie zwei Söhne – die heldenhaften Zwillinge – die zum Haus ihres Vaters, der Sonne, reisen. Unterwegs erleben sie viele Abenteuer und erschlagen unzählige Monster.

Die heldenhaften Zwillinge erscheinen auch in einer Geschichte der Zuni, in der es um einen menschenfressenden Riesen, bekannt als der „Wolkenschlucker", geht. Seinen Namen erhielt er, weil er die Regenwolken in seinen Mund auswindet, wenn er durstig ist. Wegen seines unstillbaren Durstes fällt kein Regen mehr auf die Erde, das Getreide verwelkt und die Menschen müssen hungern. Für die Menschen im Südwesten gibt es kaum etwas wichtigeres als Regen, deshalb suchen die heldenhaften Zwillinge den Riesen, um ihn zu töten. Damit sie diese Aufgabe erfolgreich ausführen können, müssen sie jedoch Großmutter Spinnes Hilfe in Anspruch nehmen.

Die Katchinas kommen an Neujahr zur Powamu-Zeremonie in die Hopidörfer. Diese beiden haben aus dem Kiva Korn mitgebracht, das an die Leute verteilt werden soll.

BRÄUCHE UND GLAUBEN

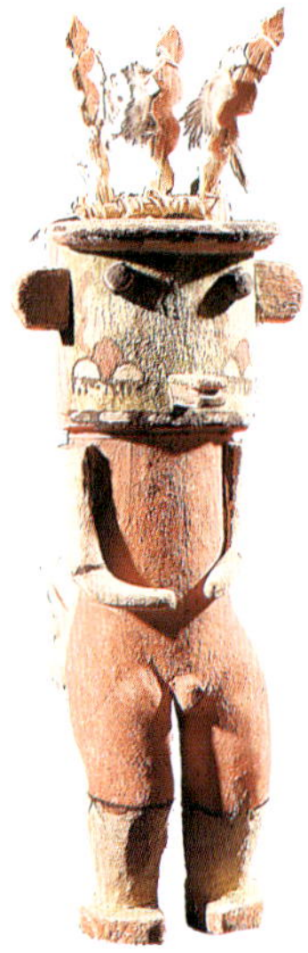

In der Hopi-Religion gibt es 250 Katchinas. Katchinas leben in den Bergen, in Quellen und Seen. Im Laufe eines Jahres verlassen sie ihr Zuhause und besuchen die Dörfer, um ihre Tänze aufzuführen. Sie werden von maskierten Tänzern dargestellt, die aus den Kivas kommen. Diese geschnitzte Katchina-Figur aus Holz repräsentiert einen Blitz-Katchina.

Ein Priester der Navajo behandelt ein krankes Kind. In einem Heilungsritual singt der Priester heilige Gesänge und benutzt spezielle Gegenstände wie Gebetsstöcke und Rasseln. Alle Heilungsrituale werden nach strengen Regeln durchgeführt und müssen wortgetreu sein. Macht der Priester einen Fehler, kann daraus Schlimmes entstehen. Wenn das Heilungsritual erfolgreich war, gilt dies als Garantie für Wohlbefinden und Gesundheit für das ganze Navajovolk.

Für alle Indianer war die Religion ein wichtiger Teil ihres Alltags. Zwar wurden einige Stämme des Südwestens zum Christentum bekehrt, aber die meisten halten den Glauben und die Bräuche ihrer Vorfahren aufrecht. Zum Beispiel versuchten die Vorfahren der heutigen Indianer stets, mit dem Universum in Harmonie zu leben. Sie glaubten nämlich, wenn sie mit der Natur im Einklang wären, würde sie ihnen Regen, eine gute Ernte und alles, was sie brauchten, auch gewähren.

EIN ZYKLUS AN ZEREMONIEN

Einen Großteil ihrer Zeit verbrachten die Menschen damit, den Jahreszyklus der religiösen Zeremonien zu verfolgen. Die Riten, die mit dem Winter zu tun hatten, begannen bereits Mitte Juli, zur Zeit des Sommerregens und der Ernte. Die Zeremonien fanden in den Kivas statt, wo die Mitglieder der Gesellschaften fasteten und die Altäre errichteten. Sie dauerten bis zur Wintersonnenwende Mitte Dezember. Dann wurde ein neues Feuer entfacht, welches den Beginn des Sommers markierte – und damit die Zeit der Katchinas.

DIE HEILIGEN KATCHINAS

Viele Stämme, darunter auch die Hopi, glaubten, daß Tiere und Pflanzen ebenfalls Geister besäßen, die sogenannten Katchinas. In vielen Tänzen und Zeremonien wird von der Entstehung der Welt berichtet und um den Beistand der Katchinas im täglichen Leben gebetet.

Da die Katchinas unsichtbar waren, trugen die Männer verschiedener Familien bei den Zeremonien Kostüme und Masken, um so die Katchinas darzustellen. Sie glaubten, wenn sie dabei die richtigen Tänze aufführten, würden die Katchinas in sie hineinschlüpfen und könnten dann dazu überredet werden, mit ihrer Macht den Menschen zu helfen.

Sandgemälde müssen am Ende des Tages zerstört werden. Allerdings werden manchmal bleibende Bilder hergestellt, auf denen die Muster festgehalten sind.

DIE EINFÜHRUNG

Die Männer mußten auch die Darstellung weiblicher Katchinas übernehmen, da Mädchen und Frauen nicht in die Mysterien eingeführt wurden. Im Alter zwischen fünf und neun Jahren brachte man die Puebloknaben zum ersten Mal in die Kivas, wo sie den maskierten „Grusel-Katchinas" gegenübertreten mußten, die die Kinder schlugen, um ihnen die Bosheit auszutreiben. Wenn die Knaben zwischen elf und vierzehen Jahre alt waren, mußten sie ihren Besuch wiederholen und wurden ein zweites Mal geschlagen. Danach nahmen die Katchinas ihre Masken ab und gaben sich als Priester zu erkennen.

HARTE BESTRAFUNG

Die Priester erklärten, daß sie zu Katchinas würden, sobald sie die Masken aufsetzten. Man drohte den Knaben harte Strafen an, falls sie dieses Geheimnis nicht für sich behielten. Danach erhielten sie eine ausführliche Unterweisung in den Pflichten der Kivagesellschaft. Nach ihrer Heirat durften die Knaben selbst Katchinas darstellen.

Diese Figur befindet sich auf einer Mauer im Kuana Pueblo. Sie stammt aus der Zeit um 1500.

SINGS

Die Navajo kannten viele Rituale, die dem Kurieren von Krankheiten dienen sollten, da sie große Angst vor dem Tod hatten. Alle Gesänge oder „Sings" wie sie sie nannten, waren Heilungrituale. Die heiligen Gesänge wurden in einem Zeremonien-Hogan von einem Sänger über dem Patienten gesprochen oder gesungen.

„Im Kiva des Häuptlings
sie, die Väter,
sie und Muyinga,
pflanzen den Mais,
pflanzen den perfekten Mais,
damit die Felder leuchten
voll weißer Quasten von
perfektem Mais."

Hopi Mais-Zeremonie

SANDMALEREI

Wenn eine Person krank war, schickte ihre Familie nach einem Sänger. Dieser sammelte spezielle Kräuter, Blütenstaub und farbigen Sand, mit dem er „trockene Bilder" herstellen konnte, was Teil der Heilungszeremonie war. Danach ging er in das Hogan, sang die Gesänge und schuf wunderschöne symbolische Muster auf dem Fußboden, indem er den farbigen Sand durch Daumen und Zeigefinger rieseln ließ. Das „Sing" konnte bis zu vier Tage dauern. Am Ende des Rituals setzte sich die kranke Person in die Mitte des letzten Bildes und der Sand wurde Korn für Korn auf ihren Körper geklebt.

DAS KIVA

Das große Kiva unten basiert auf den Anasazi-Ruinen, die in New Mexico gefunden wurden. Das Kiva war von einem riesigen Pueblo mit etwa 500 Räumen umgeben. Irgendwann hatte es im Erdgeschoß auch einmal Türen besessen, die Zutritt zu den Räumen um die Hauptkammer herum gewährten. Später waren diese Türen jedoch versiegelt worden.

Einige Puebloindianer, wie etwa die Hopi, trafen sich in rechteckigen Kivas. Ein typisches Kiva der Hopi sieht man, wenn man die Folie umblättert.

Kivas waren die religiösen Zentren der Puebloindianer. Dabei handelte es sich um geheime unteriridische Kammern, die von Zeremoniengesellschaften und Clan-Gruppen für die Ausübung religiöser Riten oder als Versammlungsort für Männer geschaffen worden waren.

KIVAS

Kivas waren für gewöhnlich rund. Die ältesten, wie die im Chaco Cañon, ähnelten riesigen runden Trommeln. Früher errichtete man sie auf der Plaza, aber nach der Eroberung durch die Spanier und deren Versuchen, die Eingeborenen zum Christentum zu bekehren, versteckte man die Kivas zwischen den Wohngebäuden.

UNTERIRDISCH

Das Kiva befand sich mindestens zur Hälfte unter der Erde. Es besaß ein flaches Dach, das von Baumstämmen gestützt wurde und war mit Adobe verputzt. Man konnte die Kammer durch ein Abzugsloch im Dach betreten. Dazu benutzte man riesige Holzleitern, die manchmal bis zu 10 m lang waren.

1 Steinmauern
2 Räume, die das Kiva umgeben
3 Eingang zu einem umliegenden Raum
4 Leiter vom Kiva zum umliegenden Raum
5 Pfeiler, die das Dach stützen

HEILIGE OBJEKTE

In den Kivas bewahrten die Clan-Mitglieder und Priester ihre heiligen Gegenstände auf, dazu zählten auch Gebetsstöcke, bemalte Federmasken und die Kostüme für die Katchinatänze.

In der Mitte des Kiva befand sich auf dem Boden eine flache, von Steinen eingegrenzte Mulde, die das „Sipapu“ symbolisierte. Das Sipapu galt als Ort eines großen Mysteriums und der spirituellen Macht hoch oben im Norden, von wo der Mensch aus dem Untergrund an die Erdoberfläche gekommen war. An den Wänden des Kiva entlang befanden sich Simse, die bei Zeremonien als Sitzbänke dienten.

6 Dach aus Stangen und Erde
7 Abzugsloch und Eingang
8 Lehmverputzte Wand
9 Wandgemälde
10 Feuerstelle
11 Altar

VERZIERUNG

Die Wände selbst waren mit riesigen indianischen Symbolen in bunten Farben bemalt. Diese dienten jedoch nicht allein der Dekoration, sondern waren Teil der heiligen Zeremonien, die im Kiva stattfanden. Wenn die Kammer nicht für eine religiöse Aktivität benutzt wurde, bedeckte man die Malereien sogar mit einer Putzschicht, damit sie nicht von Unbefugten erblickt wurden.

EIN VERSAMMLUNGSORT

Das Kiva wurde außer zu Ritualen auch für andere Zwecke gebraucht. So war es Versammlungsort für den Ältestenrat und die Priester des Pueblos. Es befand sich dort auch ein Webstuhl, auf dem die Männer ihre Zeremonienschärpen webten. Kivas wurden nach den Gesellschaften benannt, die sich dort trafen, wie zum Beispiel Türkis-, Kürbis- und Feuer-Kivas.

Für rituelle Zwecke konnte jedes Kiva durch eine Öffnung im Dach betreten werden. Nach dem Umblättern der Folie erkennt man einen Altar, wie er bei Ritualen der Hopi verwendet wurde. Die verschiedenen Gegenstände zeigen nach Norden, Süden, Osten, Westen, oben und unten.

DER KAMPF GEGEN DIE SIEDLER

Etwa in der Mitte des 19. Jahrhunderts begegneten die Indianer im Südwesten einem neuen Volk – den weißen Amerikanern. An der Ostküste Nordamerikas siedelten die Europäer bereits seit über 300 Jahren und nun machten sie sich auf den Weg nach Westen, auf der Suche nach Land und Gold.

KRIEGE

Nach dem Unabhängigkeitskrieg von 1821 wurde im Südwesten die spanische von der mexikanischen Herrschaft abgelöst. Nur 25 Jahre später gab es jedoch erneut Krieg in diesem Gebiet, diesmal gegen die Vereinigten Staaten. Der Kampf endete 1848 mit dem Vertrag von Guadelupe Hidalgo, durch den die Territorien Kalifornien und New Mexico an die Vereinigten Staaten abgetreten werden mußten.

DIE PUEBLO-REVOLTE VON 1848

Viele Indianer waren mit einer Herrschaft der Amerikaner nicht einverstanden. Man zettelte eine Verschwörung an, um New Mexico für die Mexikaner zurückzugewinnen. 1848 schloßen sich Mexikaner und Puebloindianer zusammen und töteten den amerikanischen Gouverneur Charles Bent. Die Rache der Amerikaner ließ nicht lange auf sich warten: Die Armee marschierte ein, massakrierte viele Indianer und zwang sie schließlich zur Aufgabe.

SIEDLER

Ein Resultat des Regierungswechsels war, daß sich eine Flut von amerikanischen Siedlern über das Land ergoß. Viele Indianer sahen ihre Kultur und ihren Lebensstil bedroht. Die Navajo, die früher die Spanier und die Mexikaner überfallen hatten, wandten sich nun gegen die weißen Siedler. Diese wiederum forderten Hilfe an und brachten so die Navajo in direkte Konfrontation mit der US-Regierung.

Der Goldrausch von 1848–1849 führte Tausende von Goldgräbern auf der Suche nach Reichtum in das Land der Apachen. Die meisten dieser Männer hatten für die Indianer weder Sympathie noch Verständnis, so daß Zusammenstöße unvermeidlich waren.

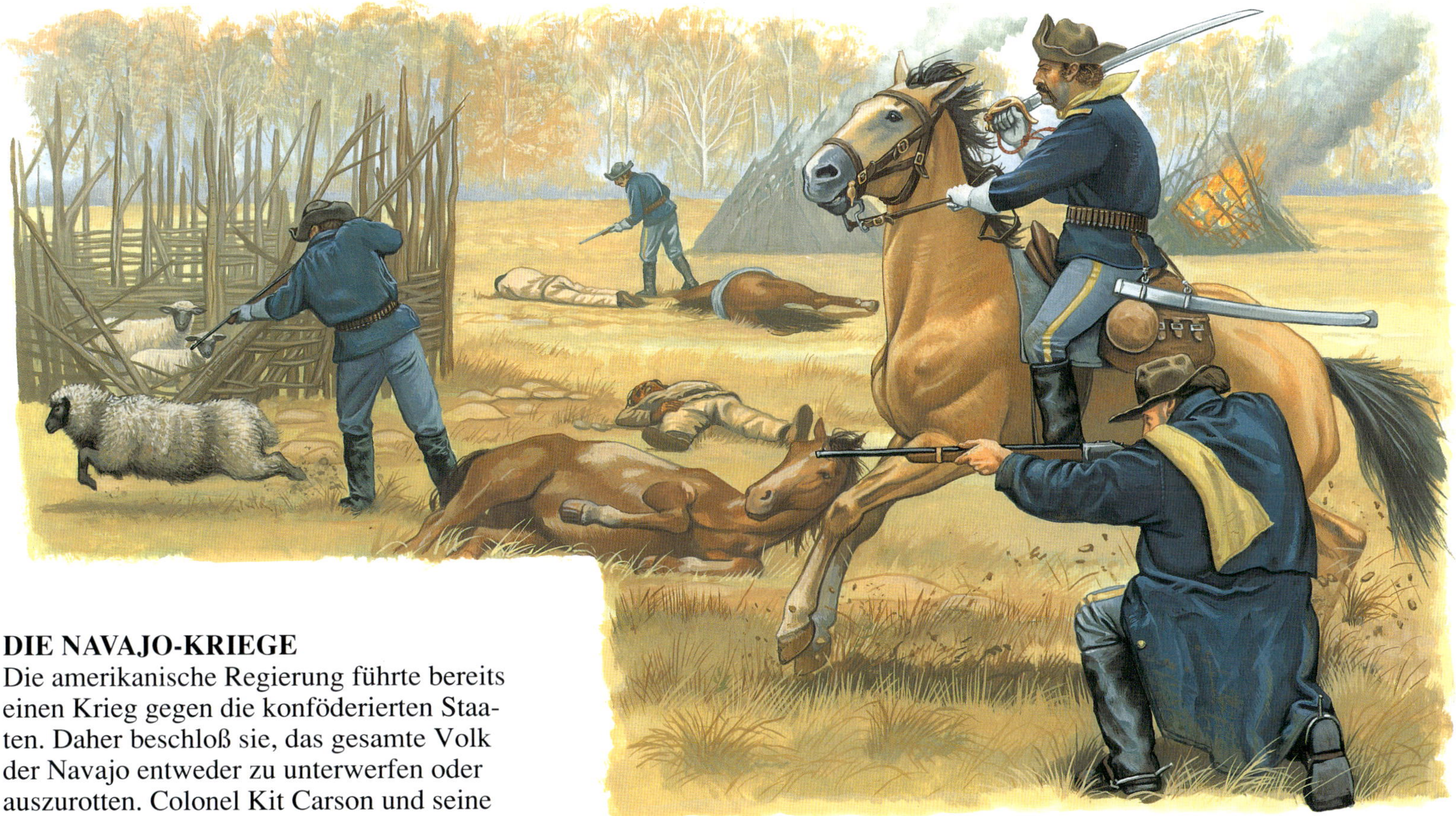

DIE NAVAJO-KRIEGE

Die amerikanische Regierung führte bereits einen Krieg gegen die konföderierten Staaten. Daher beschloß sie, das gesamte Volk der Navajo entweder zu unterwerfen oder auszurotten. Colonel Kit Carson und seine Soldaten erhielten den Befehl, die Ordnung wiederherzustellen.

Amerikanische Truppen fielen in das Land ein und töteten die Navajo, wo immer sie konnten. Sie schlachteten ihre Schafe, Rinder und Pferde, brannten die Hogans nieder und zerstörten die Ernte, so daß die Navajo sich ergeben mußten, wenn sie nicht verhungern wollten.

DER LANGE FUSSMARSCH

Einige Navajo flohen in die Berge, aber etwa 8500 von ihnen zwang man, 500 km zu Fuß in das Bosque Redondo Reservat in New Mexico zu gehen. Es war eine Reise voller Mühsal und Terror. Die Indianer wurden niedergeschossen, wenn sie über Müdigkeit oder Krankheit klagten oder wenn sie anhielten, um einem anderen zu helfen. Im Reservat erwartete sie jedoch noch Schlimmeres. Hunderte von ihnen starben vor Hunger oder an Krankheiten und Seuchen.

Die Navajo wurden vier Jahre lang im Reservat gefangengehalten, bis sie schließlich einen Friedensvertrag mit den Amerikanern unterschrieben. Sie verpflichteten sich, mit den Weißen Frieden zu halten und sollten dafür ein Reservat in ihrem Heimatland bekommen. So kehrten sie in den Südwesten zurück.

„Ich lebte glücklich und zufrieden, meine Gedanken und Taten waren frei von Grausamkeiten … mir ging es gut. Ich hatte noch nie ein Pferd oder einen Menschen getötet, weder Amerikaner noch Indianer. Ich weiß nicht, was mit den Leuten los war, die uns beaufsichtigten. Sie wußten, daß es so war und trotzdem sagten sie, ich wäre ein böser Mann, ja der schlimmste von allen. Aber was soll ich nur getan haben?“

Geronimo

DIE APACHEN

Inzwischen mußten auch die Apachen ihr Land verteidigen. Einer ihrer Anführer, Häuptling Cochise, kämpfte viele Jahre gegen die US-Armee. 1874 starb er und sein Stamm wurde ins San Carlos Reservat gebracht.
Ein anderer Führer der Apachen, Häuptling Geronimo, leistete noch länger Widerstand. 1886 kamen die letzten „freilebenden“ Apachen ins Gefängnis nach Fort Marion in Florida. Von dort aus schickte man sie nach Oklahoma, wo Geronimo 1909 verstarb.

Navajohäuptlinge wie Manuelito und Barboncito führten Tausende von Dineh in den Cañon de Chelly, um einer Gefangennahme durch die US-Armee zu entgehen. Aber sie wurden dort aufgespürt und von Colonel Kit Carson und seinen Truppen massakriert.

Geronimo im Alter von etwa 56 Jahren. Er war einer der berühmtesten und gefürchtetsten Apachenhäuptlinge.

DER SÜDWESTEN HEUTE

Die Haltung der Indianer ihrem Land gegenüber zeigt, wie sehr ihre Einstellung von der der weißen Siedler abwich. Die Indianer glaubten, daß Land nicht von den Menschen in Besitz genommen werden konnte, sondern von den Göttern und Geistern zum Wohle aller verwaltet wurde. Wenn das Land schlecht behandelt wurde, starb es. Im Gegensatz dazu waren die europäischen und amerikanischen Siedler der Meinung, daß jedes Land gekauft und genutzt werden konnte, wie der Käufer es wollte.

DIE RESERVATE

Am Ende des 19. Jahrhunderts hatten die Weißen die Indianer des Südwestens von den meisten ihrer Jagdgründe vertrieben. Stattdessen mußten sie nun auf Land leben, das extra für sie „reserviert“ war und daher Reservat genannt wurde. Dieses Land war jedoch fast immer von minderwertiger Qualität: Der Boden war mager und es gab nur wenig pflanzliche Nahrung für die Tiere.

Wie ihre Nachbarn aus der Prärie wurden auch die Völker des Südwestens dazu aufgefordert, Lebensstil und Kultur der Weißen anzunehmen. Aber die Indianer reagierten auf altbekannte Weise: Sie klammerten sich stärker denn je an ihre eigene Religion, Sprache, Tradition und Heimat.

Juan Hubell's Handelsstation Ende des 19. Jahrhunderts, als die Webwaren der Navajo ein echter Verkaufsschlager geworden waren. In seinen Verkaufsraum hängte Hubell als Vorlagen für die Weber Bilder mit seinen Lieblingsmustern.

Mit diesem Foto vom Monument Valley gewinnt man einen Eindruck von der Schönheit der Landschaft im Reservat der Navajo.

DER KAMPF UM DAS LAND

Zu Beginn des 20. Jahrhunderts entdeckte man plötzlich, daß das Reservationsland nicht so nutzlos war, wie man angenommen hatte. Die US-Regierung versuchte, Land von den Indianern zurückzugewinnen. Das US-Forstamt übernahm die Berge und den Blue Lake in der Nähe des Taos Pueblos – ein Gebiet, das für die Puebloindianer heilig war. Das Forstamt versprach den Indianern, daß sie dort auch weiterhin ihre religiösen Riten und Praktiken ausüben konnten. Ein Versprechen, das jedoch nicht eingehalten wurde.

Damals begannen die Indianer einen 40 Jahre dauernden Kampf, um das gestohlene Land zurückzuerhalten. Sie gingen vor Gericht und unternahmen Reisen nach Washington, um ihren Fall vorzutragen, aber ohne Erfolg. Der Sieg kam erst 1968, als der damalige Präsident Richard Nixon einen Gesetzesentwurf unterzeichnete, mit dem sie ihr gestohlenes Land zurückerhielten.

NEUE SCHWIERIGKEITEN

Anderswo im Südwesten wurde am Glen Cañon der Colorado gestaut, so daß ein Teil des Navajo-Reservates plötzlich überflutet war. Die Entdeckung von Öl, Kohle, Uran und anderen Bodenschätzen brachte Ölfirmen und multinationale Gesellschaften, die beabsichtigten, sich das „schwarze Gold“ zu holen, in das Land der Indianer.

Die Indianerstämme treffen sich gerne bei sogenannten „Powwows", wo sie Tänze vorführen und Geschichten austauschen. Dieses Powwow ist das jährliche Treffen im Taos Pueblo.

Die Ruinen der Anasazisiedlung White House nahe am Fluß werden von den Felswänden des Cañon de Chelly überragt. Orte wie dieser locken viele Touristen in den Südwesten.

STAMMESSTREITIGKEITEN

Eines dieser Gebiete war lange Zeit Schauplatz eines langwierigen Streites zwischen den Navajo und den Hopi gewesen. Dieser hatte in den achtziger Jahren des 19. Jahrhunderts begonnen, als Navajos in das Territorium der Hopi eindrangen und dort anfingen, Schafe zu züchten, so daß die Hopi immer weniger Platz in „ihrem" Reservat hatten.

Heute sind die Navajo mit etwa 140 000 Menschen das größte Indianervolk der Vereinigten Staaten. Die meisten von ihnen leben in einem Reservat, das weite Teile Arizonas und New Mexicos bedeckt. Manchmal wird dieses Gebiet auch die „bunte Wüste" genannt, weil dort Erde, Steine und Felsen leuchtend rot, weiß, gelb oder braun sind und der Lehm blaugrau ist.

DIE INDIANER IN UNSERER ZEIT

Trotz aller Schwierigkeiten führen die Indianer auch heute noch ihre Tänze und Rituale durch, pflanzen Mais an und züchten Schafe. Die Navajofrauen weben die Schafwolle zu Teppichen und Decken und verkaufen sie an Touristen. Andere fertigen Schmuck, Tongefäße und Körbe nach traditionellen Mustern. So gelang es den Indianern trotz aller Mühsal, einen Teil ihrer Tradition zu erhalten.

Als Ölgesellschaften in das Land der Navajo eindringen, sind die Farmer gezwungen, weite Strecken zurückzulegen, um ihren Schafen geeignetes Weideland anbieten zu können. Viele Indianer setzen sich dafür ein, daß der Zerstörung der Natur Einhalt geboten wird.

ZEITTAFEL UND ERLÄUTERUNGEN

Dieses Buch beschreibt die Geschichte und die Lebensweise der Indianer im Südwesten der USA. Obwohl sie dem Einfluß der Mexikaner, der Spanier und der ostamerikanischen Siedler ausgesetzt waren, führen viele von ihnen noch heute ein Leben nach alten Traditionen.

ca. 1500 v. Chr. Paleoindianer kommen von Asien nach Nordamerika und verbreiten sich über den Kontinent.

200–1300 n. Chr. Die Anasazi (Korbflechter und frühe Pueblo-Kulturen) bevölkern die südwestliche Region.

1492 Christoph Kolumbus entdeckt Amerika, hält es jedoch für Asien.

1541 Der Spanier Francisco Coronado erkundet den Südwesten und schließt Bekanntschaft mit den Indianern der Pueblos.

1598 Juan de Onate gründet die erste spanische Kolonie des Südwestens.

1629–1633 Die Spanier gründen die ersten christlichen Missionen bei den Hopi, den Acoma und den Zuni.

1680 Die Puebloindianer lehnen sich unter Führung von Pope gegen die spanische Herrschaft auf.

1848 Mexiko und die USA unterzeichnen den Vertrag von Guadelupe Hidalgo. Der Südwesten fällt an die USA.

1864 Der „lange Fußmarsch" der Navajo.

1868 Das Navajoreservat entsteht.

1886 Apachenhäuptling Geronimo ergibt sich und beendet damit den Krieg der Indianer gegen die USA.

1922 Die Puebloindianer schließen sich zusammen und bilden den *All Pueblo Council*, um ihr Land vor Übergriffen zu schützen.

1924 Alle Indianer erhalten die amerikanische Staatsbürgerschaft.

1962 Die US-Regierung macht einen Teil des Indianerlandes zu einem „Gebiet für gemeinsame Nutzung" und verschärft dadurch den Konflikt zwischen Navajo und Hopi.

1982 Das „Gebiet für gemeinsame Nutzung" wird zwischen den Navajo und den Hopi aufgeteilt.

Der Name Hopi bedeutet „die Friedvollen". Dieses Volk lebt schon seit über tausend Jahren in traditionellen Dörfern auf dem Gipfel dreier Tafelberge.

ERKLÄRUNGEN

Adobe: In der Sonne getrocknete Lehmbausteine, mit denen die Puebloindianer ihre Häuser bauten.
Anasazi: Der Name stammt von einem Navajo-Wort und bedeutet soviel wie „die Uralten". Ihre Kultur wird in folgende Entwicklungsperioden unterteilt:
Korbflechter (200–700 n. Chr.); Pueblo 1 und 2 (700–1000 n. Chr.) und Pueblo 3 (1000–1300 n. Chr.). Die heutigen Puebloindianer sind Nachfahren der Anasazi.
Apachen: Ein nomadisch lebendes Volk, nach dem Zuni-Wort für „Feind" benannt. Sie selbst nennen sich „Dineh" (Menschen).
Cacique: spirituelles Oberhaupt der Puebloindianer.
Dineh: Navajo-Wort für „Mensch".
Hohokam: ein frühes, seßhaftes Volk.
Hopi: Die Kurzform für „Hopitu" („die Friedvollen"); ein Name, mit dem die Völker des nordöstlichen Arizonas sich selbst bezeichnen.
Katchinas: Geistwesen oder Tänzer, welche die Geistwesen darstellen sollen.
Mogollon: ein altes Wüsten- und Bergvolk aus dem südlichen Arizona und aus New Mexico.
Papago: ein ackerbautreibendes Volk aus Südarizona, auch bekannt als die „Menschen der Wüste"
Pima: ein ackerbautreibendes Volk aus Südarizona.
Sipapu: Das Loch, durch welches die eingeborenenen Völker von ihrer Welt in diese hier schlüpften. In den Kivas gab es ein Sipapu im Boden.
Schwitzhütte: Eine Ritualhütte, in der Dampfbäder genommen werden.
Wickiup: traditionelle Apachenbehausung aus Buschwerk.
Yuma: ackerbautreibendes Volk am unteren Flußlauf des Colorado.
Zuni: Ein Pueblovolk aus New Mexico, das sich selbst „Ashiwi" („das Fleisch") nennt.

DIE ZITATE

Fast alle Zitate in diesem Buch sind traditionelle Lieder oder Sprichwörter. Sie wurden von Marcia Kegan in dem Buch „Mother Earth Father Sky", Wildwood House, 1974 und von Virginia Driving Hawk Sneve zusammen mit Stephen Gammel in „Dancing Teepees",1989, gesammelt. Geronimos berühmte Rede wurde entnommen aus „The Way: An Anthology of American Indian Literature", Shirley Hill Witt und Stan Steiner, Vintage Books 1972. Die Worte des Pueblo-Ältesten stammen aus „Handbook of the North American Indians vol 9", Smithsonian Institution 1979.

REGISTER

Kursive Seitenangaben verweisen auf Abbildungen.

Ackerbau 20-21
Acoma 46
Adobe 6, 10, 12, 16, *16*, 17, *17*, 18, 40, 47
Anasazi 4, *4*, *5*, 6, 7, 8, *8*, 10, 19, *19*, 28, *40*, *42*, *45*, 46, 47
Apachen 4, *4*, *5*, 11, *11*, *12*, 13, *14*, 15, *15*, 18, *18*, 19, *19*, 20, *20*, 21, 22-23, *22*, *23*, 26, *27*, 28, *28*, *31*, *32*, 34, 35, *35*, 43, *43*, 47
Arizona *5*, 31, 45, 47
Avan Yu *36*

Barboncito (Häuptling) *43*
Begräbnis 34-35, *34*, *35*
Bosque Redondo Reservat *31*, 43
Bräuche 38-39

Cacique 14, 15, 47
Cañon de Chelly *5*, *43*, *45*
Carson, Kit 43, *43*
Chaco Cañon 7, 8, 40
Changing Woman *19*, 37, *37*
Chiricahua *5*, 22
Christianisierung 12, 38
Clan 14, 37, 40, 41
Cochise (Häuptling) 43
Colorado (Fluß) 4, *5*, 44, 47
Colorado (Staat) *5*, 31
Coronado, Francisco *10*, 12, *13*, 46

Dineh 10, *43*, 47

Familien 14, *14*, 15, 18-19, *23*
Frisuren 27, *27*
Frühe Zivilisationen 6-7

Geronimo (Häuptling) 43, *43*, 46, 47
Geschichten 36-37
Gila 4
Glaube 38-39
Glen Cañon 44
Gorgonio *14*
Grand Cañon *5*

Handel *8*, 10, *10*, 44
Hexerei 14, 23, 35
Hogan 24-25, *24*, *25*, 39, 43
Hohokam 4, *5*, 6, 7, *7*, *20*, *26*, 47

Hopi *5*, 14, *14*, 18, *18*, 21, *27*, 28, 31, 35, 37, *37*, 38, *38*, *39*, *40*, *41*, 45, 46, *46*, 47
Hubell, Juan *44*

Indianervölker im Südwesten 4-5

Jagd 6, *6*, 7, 8, 10, 20, 21, 22, *22*, *23*
Jicarilla *5*, 11, 22

Katchinas 12, 15, *18*, *19*, *30*, 31, *31*, 33, *33*, *37*, 38, *38*, 39, 41, 47
Keramik *4*, 6, 7, *10*, 12, 28-29, *28*, *29*, 45
Kiowa-Apachen 11, 22
Kivas 9, *9*, 18, 19, *19*, 30, 32, *32*, *36*, *37*, 38, *38*, 39, *39*, 40-41, *40*, *41*, 47
Kleidung 26-27, *26*, *27*, 30
Kolonialisierung 12
Ko-Lo-Wissi *36*
Korbflechter *4*, *10*, 28-29, *28*, *45*, *46*, 47
Krieger *11*, *15*, 19, *22*, *23*
Kunsthandwerk 28, 29, *30-31*

Legenden 36-37
Lieder 32, 33, *38*, 39
Lipan-Apachen 11, 22

Manuelito (Häuptling) *43*
Medizinmann *14*
Mescalero *5*, 11, *14*, 22, *27*
Mogollon 4, *4*, *5*, 6, 7, 47
Mohave *5*, 20, *26*
Montezuma Castle *4*
Monument Valley *44*
Musik 32-33, *32*
Mythen 36, *36*, 37

Nahrung 20-21
Naiche *15*
Navajo 4, *4*, *5*, 10, 11, 13, 14, 15, 18, 21, 24-25, *24*, *25*, 26, 27, *27*, 30, *30*, 31, *31*, 33, 34, *34*, 35, 37, 38, *38*, 39, 42, 43, *43*, 44, *44*, 45, *45*, *46*,
New Mexico *5*, 6, 13, 31, *36*, *40*, 42, 43, 45, 47
Newspaper Rock *12*
Nixon, Richard 44

Paleoindianer 6, *6*, 46
Papago 4, *5*, 15, *20*, 47
Pima 4, *5*, 6, 15, 34, 47
Pope *12*, 13, 46
Powwows *45*
Priester *12*, *14*, 25, 34, *38*, 39, 41
Pueblo Bonito 8, *8*, *9*
Puebloindianer 4, *4*, *5*, *10*, 12, *12*, 13, *13*, 14, 15, *18*, 19, 20, 21, 22, 24, 26, *27*, 28, 29, *29*, 30, 31, 32, 34, *35*, 40, *40*, 42, 44, 46, 47
Pueblo *4*, 8-9, *8*, 10, *10*, 11, *11*, 16-17, *17*, *29*, 33, *33*, *39*, 41, 46

Randall, A. Frank *14*
Ratsversammlung 14, 15
Räuber 10-11, 23
Religion 23, 32, 36, 38-39, 38, *40*
Remington, Frederic *22*
Reservate 11, *15*, 43, 44, *44*, 45, 46
Rio Grande 4, *5*, 10

Sagen 36-37
San Carlos Reservat *15*, 43
Schamanen 23, 25
Schmuck *12*, *20*, 26-27, *26*, *27*, *30*, 31, *31*, 45
Schwitzhütte *24*, 25, *25*, 47
Siedler *5*, 10-11, 42-43, *42*
Sipapu 41, 47
Stammesverwaltung 14-15

Tänze 19, *19*, 23, 32-33, *32*, *38*
Taos Pueblo *11*, *33*, 44, *45*, 46
Tod 34-35, *34*, *35*

Überfälle *11*, 16, *17*, 19, *23*

Vertrag von Guadelupe Hidalgo 42, 46

Weber *26*, 30, *30*, *31*, 41, *44*, 45
Wickiups 11, *22*, 23, 47
Wüstenvölker 6-7, 20

Yaqui 4
Yuma 4, 26, *26*, 36, 47

Zeremonien 14, *15*, *18*, 32-33, 34, 38-39, 41
Zuni *4*, *5*, 12, *13*, 14, 17, 21, *28*, *30*, 31, *31*, 33, 34, *36*, 37, 46, 47
Zuni Pueblo *13*, *30*, 34